JN041039

KANAGAWA

神奈川県

丸善出版 編

丸善出版

刊行によせて

　「47都道府県百科」シリーズは、2009年から刊行が開始された小百科シリーズである。さまざまな事象、名産、物産、地理の観点から、47都道府県それぞれの地域性をあぶりだし、比較しながら解説することを趣旨とし、2024年現在、既に40冊近くを数える。

　本シリーズは主に中学・高校の学校図書館や、各自治体の公共図書館、大学図書館を中心に、郷土資料として愛蔵いただいているようである。本シリーズがそもそもそのように、各地域間を比較できるレファレンスとして計画された、という点からは望ましいと思われるが、長年にわたり、それぞれの都道府県ごとにまとめたものもあれば、自分の住んでいる都道府県について、自宅の本棚におきやすいのに、という要望が編集部に多く寄せられたそうである。

　そこで、シリーズ開始から15年を数える2024年、その要望に応え、これまでに刊行した書籍の中から30タイトルを選び、47都道府県ごとに再構成し、手に取りやすい体裁で上梓しよう、というのが本シリーズの趣旨だそうである。

　各都道府県ごとにまとめられた本シリーズの目次は、まずそれぞれの都道府県の概要（知っておきたい基礎知識）を解説したうえで、次のように構成される（カギカッコ内は元となった既刊のタイトル）。

Ⅰ　歴史の文化編
　「遺跡」「国宝 / 重要文化財」「城郭」「戦国大名」「名門 / 名家」「博物館」「名字」
Ⅱ　食の文化編
　「米 / 雑穀」「こなもの」「くだもの」「魚食」「肉食」「地鶏」「汁

物」「伝統調味料」「発酵」「和菓子／郷土菓子」「乾物／干物」
Ⅲ　営みの文化編
　「伝統行事」「寺社信仰」「伝統工芸」「民話」「妖怪伝承」「高校
野球」「やきもの」
Ⅳ　風景の文化編
　「地名由来」「商店街」「花風景」「公園／庭園」「温泉」

　土地の過去から始まって、その土地と人によって生み出される食
文化に進み、その食を生み出す人の営みに焦点を当て、さらに人の
営みの舞台となる風景へと向かっていく、という体系を目論んだ構
成になっているようである。
　この目次構成は、一つの都道府県の特色理解と、郷土への関心に
つながる展開になっていることがうかがえる。また、手に取りやす
くなった本書は、それぞれの都道府県に旅するにあたって、ガイド
ブックと共に手元にあって、気になった風景や寺社、歴史に食べ物
といったその背景を探るのにも役立つことだろう。
＊　　　＊　　　＊
　さて、そもそも47都道府県、とは何なのだろうか。47都道府県
の地域性の比較を行うという本シリーズを再構成し、47都道府県
ごとに紹介する以上、この「刊行によせて」でそのことを少し触れ
ておく必要があるだろう。
　日本の古くからの地域区分といえば、「五畿七道と六十余州」と
呼ばれる、京都を中心に道沿いに区分された8つの地域と、66の「国」
ならびに2島に分かつ区分が長年にわたり用いられてきた。律令制
の時代に始まる地域区分は、平安時代の国司制度はもちろんのこと、
武家政権時代の国ごとの守護制度などにおいて（一部の広すぎる国、
例えば陸奥などの例外はあるとはいえ）長らく政治的な区分でも
あった。江戸時代以降、政治的な区分としては「三百諸侯」とも称さ
れる大名家の領地区分が実効的なものとなるが、それでもなお、令
制国一国を領すると見なされた大名を「国持」と称するなど、この
区分は日本列島の人々の念頭に残り続けた。
　それが大きく変化するのは、明治維新からである。まず地方区分

は旧来のものにさらに「北海道」が加わり、平安時代以来の陸奥・出羽の広大な範囲が複数の「国」に分割される。政治上では、まずは京・大阪・東京の大都市である「府」、中央政府の管理下にある「県」、各大名家に統治権を返上させたものの当面存続する「藩」に分割された区分は、大名家所領を反映して飛び地が多く、中央集権のもとで中央政府の政策を地方に反映させることを目指した当時としては、極めて使いづらいものになっていた。そこで、まずはこれら藩が少し整理のうえ「県」に移行する。これがいわゆる「廃藩置県」である。これらの統合が順次進められ、時にあまりに統合しすぎて逆に非効率だと慌てつつ、1889年、ようやく1道3府43県という、現在の47の区分が確定。さらに第2次世界大戦中の1943年に東京府が「東京都」になり、これでようやく1都1道2府43県、すなわち「47都道府県」と言える状態になったのである。これが現在からおよそ80年前のことである。また、この間に地方もまとめ直され、京都を中心とみるのではなく複数のブロックで扱うことが多くなった。本シリーズで使っている区分で言えば、北海道・東北・関東・北陸・甲信・東海・近畿・中国・四国・九州及び沖縄の10地方区分だが、これは今も分け方が複数存在している。

　だいたいどのような地域区分にも言えることではあるのだが、地域区分は人が引いたものである以上、どこかで恣意的なものにはなる。一応1500年以上はある日本史において、この47都道府県という区分が定着したのはわずか80年前のことに過ぎない。かといって完全に人工的なものかと言われれば、現代の47都道府県の区分の多くが旧六十余州の境目とも微妙に合致して今も旧国名が使われることがあるという点でも、境目に自然地理的な山や川が良く用いられているという点でも、何より我々が出身地としてうっかり「○○県出身」と言ってしまう点を考えても（一部例外はあるともいうが）、それもまた否である。ひとたび生み出された地域区分は、使い続けていればそれなりの実態を持つようになるし、ましてや私たちの生活からそう簡単に逃れることはできないのである。

＊　　　＊　　　＊

　各都道府県ごとにまとめ直す、ということは、本シリーズにおい

ては「あえて」という枕詞がつくだろう。47都道府県を横断的に見てきたこれまでの既刊シリーズをいったん分解し、各都道府県ごとにまとめることで、私たちが「郷土性」と認識しているものがどのようにして構築されたのか、どのように認識しているのかを、複数のジャンルを横断することで見えてくるものがきっとあるであろう。もちろん、47都道府県すべての巻を購入して、とある県のあるジャンルと、別の県のあるジャンルを比較し、その類似性や違いを考えていくことも悪くない。あるいは、各巻ごとに精読し、県の中での違いを考えてみることも考えられるだろう。

　ともかくも、地域性を考察するということは、地域を再発見することでもある。我々が普段当たり前だと思っている地域性や郷土というものからいったん身を引きはがし、一歩引いて観察し、また戻ってくることでもある。有名な小説風に言えば、「行きて帰りし」である。

　本シリーズがそのような地域性を再発見する旅の一助となることを願いたい。

2024年5月吉日　　　　　　　　　　　　　　執筆者を代表して

森 岡　　浩

目　　次

知っておきたい基礎知識　1

基本データ（面積・人口・県庁所在地・主要都市・県の植物・県の動物・該当する旧制国・大名・農産品の名産・水産品の名産・製造品出荷額）／県章／ランキング1位／地勢／主要都市／主要な国宝／県の木秘話／主な有名観光地／文化／食べ物／歴史

Ⅰ　歴史の文化編　11

Ⅱ　食の文化編　53

Ⅲ　営みの文化編　111

Ⅳ　風景の文化編　151

【注】本書は既刊シリーズを再構成して都道府県ごとにまとめたものであるため、記述内容はそれぞれの巻が刊行された年時点での情報となります

神奈川県

▌知っておきたい基礎知識▐

- 面積：2416km^2
- 人口：921万人（2024年速報値）
- 県庁所在地：横浜市
- 主要都市：川崎、小田原、相模原（さがみはら）、藤沢、鎌倉、横須賀、厚木、茅ヶ崎（ちがさき）
- 県の植物：イチョウ（木）、ヤマユリ（花）
- 県の動物：カモメ（鳥）
- 該当する旧制国：東海道相模国（さがみのくに）（西部および高座・湘南・三浦地域）および武蔵国（むさしのくに）（川崎市全域と横浜市の主要部）
- 該当する大名：小田原藩（大久保氏など）
- 農産品の名産：ダイコン、ウメ、コマツナ、かんきつ類、ナシなど
- 水産品の名産：メバチ、マグロなど
- 製造品出荷額：15兆9161億円（2020年工業統計調査）

●県　章

神奈川県の「神」の字を図案化したもの。

●ランキング1位

・**通勤時間**　2020年の社会生活基本調査によれば、平均的な通勤・通学時間が100分を超えるのは神奈川県のみであり、当然全国1位である。他の県への通勤通学者の割合も全国1位である。神奈川県の人口増加は、特に東部地域では東海道線や東急東横線などの鉄道網を基盤にした東京への通勤圏の拡大による、という面が大きく、戦後は頻繁にニュータウン造成や住宅開発が行われている。

●地　勢

　南関東1都3県の一つであり、面積は小さい。中央部の相模川・境川、西部の酒匂川、北部の多摩川が比較的大きな川であるが、平野は意外と少なく、東部は台地や丘陵が多くを占める。また、富士山・箱根山からの火山噴出物が偏西風に乗って堆積したことから、火山由来の「赤土」こと関東ローム層も広く分布している。

　海岸線は南の相模湾・東の東京湾に面する。東京湾や三浦半島には入り組んだ海岸線が伸び、特に三浦半島ではいくつもの深い入り江を形成している。明治時代以来の軍港横須賀や、江戸の外港の浦賀、遠洋漁業の港町三浦などはこの地域にある。一方、湘南地方は白砂青松の海岸と低めの丘陵とが織り成す一帯で、リゾート地として知られてきた。東京湾の北側は埋め立てによる人工的な海岸が広がるが、横浜港の入り口にある本牧岬のように、海食を受けた断崖も多い。

　山岳地帯は主に西の丹沢山地、南の箱根山を中心とする。箱根山は富士などへと続く火山地帯の一角であり、国内有数の規模をもつカルデラの一つである。

●主要都市

・**横浜市（中心部）**　幕末開港五港の一角として始まった、大岡川河口の入江をふさぐように横に伸びた砂嘴上にある横浜港を直接の由来にもつ港町である。ただし、中世から「神奈川」の県名の由来になった港町にして江戸時代の東海道の宿場町、神奈川湊が横浜から入江と帷子川を挟んで北側に存在した。中華街や洋館などを各所に残した碁盤の目の街並みが広がるが、一方で狭い平地故に都市開発においてみなとみらい地区の埋め立て

地を生んだ。

・横浜市（北部）　本来は農村・丘陵地帯であった一帯が、港北ニュータウンなどの造成などによって都市化していった一帯。現在では県内でも特に人口が増加している。新横浜は新幹線の駅開業を機に副都心として整備がすすめられた一帯で、サッカーの試合会場として有名な日産スタジアムはここにある。

・横浜市（南部）　古くは鎌倉の外港であった六浦（むつうら）などを擁する一帯。内陸部は東海道の宿場だった戸塚を除くと長らく農村や丘陵が広がっていたが、高度経済成長期に多数の団地が開発された。

・川崎市　東海道の宿場町と川崎大師の門前町に始まるが、現在のような工業都市としての発展は、近代において隣の横浜市鶴見地区ともども貿易港横浜と大消費地東京の中間地点としての地の利を占めたことによる。京浜運河を中心に工場ツアーも行われているが、一方で戦前以来の朝鮮人移住、戦後の沖縄出身者移住等々、工業地帯故の様々なルーツを持つ移民の経験をし、かつ現在でも共生に直面する都市である。

・鎌倉市　都市としては源頼朝が本拠を構えたことに始まり、室町時代前期までは関東の政治の中心、それ以降も武家政権の聖地とみなされた東国の「古都」。鎌倉時代にさかのぼる建築や有名な鎌倉大仏、また鶴岡八幡宮などをはじめとした各時代に保護・復興された壮麗な社殿を各所にもち、近代以降は湘南の海と町を取り巻く緑の山を合わせてリゾート地としても知られている。

・相模原市　人口規模では県内第3の都市。戦前以来設けられていた演習場などの陸軍施設（現在でもアメリカ軍施設が一部設置）をきっかけに都市化が進んだが、現在では戦後の都市化を牽引した工場の撤退も多いため、ベッドタウンとしての色彩を強くしている。また、西部の緑区は、本来は津久井地区と呼ばれた一帯で、相模湖や津久井湖などがある県の水がめの一つである。

・小田原市　県西部の足柄地区の中心地であり、戦国時代に後北条氏の本拠として急速に発展した城下町にして東海道の宿場町。中心部の小田原城天守は戦後の再建だが、広範囲に後北条氏時代の土塁や堀が多数残っていて、戦国期の縄張りと江戸期の近世城郭の双方を残す城として知られている。

・横須賀市　三浦半島の中心都市であり、中心部は明治時代の近代造船所

の設置と海軍本拠地の設置によって都市化が進んだ。ただしそれ以前にも浦賀などが江戸の入り口の外港として栄えている。現在はアメリカ軍の海軍基地で有名だが、特徴的なリアス式海岸による坂の多さが人口流出を招いている。

・厚木市　県内陸中央部の中心地で、古くは丹沢からの木材を集積する河港として栄えた。相模川をはさんで対岸の海老名市とは、双子都市の様相を最近は呈している。

●主要な国宝

・円覚寺舎利殿　鎌倉五山の一角に数えられる名刹円覚寺の境内の奥にある、木造の仏殿。室町時代中期の建築物と判明しているが、古い禅宗の様式を残す花頭窓や屋根の反り具合などがみられる遺構。

・金沢文庫の所蔵品　鎌倉時代に執権北条氏の一族が六浦の称名寺に残した蔵書に始まる文庫。このうち、国宝に指定されている「金沢文書文庫」と「称名寺聖教」は、称名寺に保管されてきた文書と、北条氏など鎌倉時代の人々が残した手紙などの古文書からなり、いずれも中世史の基本資料とされている。なお、現在の金沢文庫は明治時代になってから、鎌倉時代の様相を踏まえて復興されたものである。

・鶴岡八幡宮の神宝　源頼朝により1180年に現在地に定まったと伝えられている鶴岡八幡宮は、古都鎌倉の鎮守としてこの地方を支配した武家による保護や再建などの支援を受けてきた。このため、各時代に奉納されたものの一部が国宝に指定されている。特に由緒があるものとしては、籬菊螺鈿蒔絵硯箱という、源頼朝が後白河法皇から下賜されたというものがある。

・秋草文壺　鎌倉関連の物品に国宝指定が集中している神奈川県由来の国宝としては珍しく、平安時代末期に骨壺として利用されていた流麗な形の壺。出土地は川崎市中部の加瀬山で、ススキなどの秋草文様が表面に施されていたことからこの名がある。なお、戦後の新国宝制度において陶磁器としては初めて登録された国宝である。

●県の木秘話

・イチョウ　隣の東京都の都の木でもある。神奈川県では2010年に倒木した、鶴岡八幡宮の大イチョウ（鎌倉幕府三代将軍である源実朝を暗殺し

た公暁が隠れていたという伝承もあった）が特に有名だったが、そのほか横浜市の日本大通りなどにも並木がある。

・ヤマユリ　ラッパ状の白く香りの強い花を咲かせる。県内では主に芦ノ湖・丹沢などの山岳地帯でみられる。

●主な有名観光地

・元町・中華街　横浜市旧市街地の東側に、中国系の料理店が多数並ぶ国内最大規模の中華街がある。その東側の川と山手の丘の間に細長く伸びる元町は、古くは横浜港と外国人居留地の造成によって旧横浜村からの移住を余儀なくされた村民の居住地に由来し、今は洋品店や職人の店がならぶ市内屈指の高級商店街として知られている。

・横浜三塔　県庁旧庁舎の「キング」、税関旧庁舎の「クイーン」、開港記念会館（旧公会堂）の「ジャック」という、市内日本大通り近辺にある3つの塔。その姿もデザインも全く異なる塔は古くは横浜港に入る船の目印でもあり、今も観光の中心である。

・みなとみらい　交通の中心である横浜駅と、横浜港の旧市街地との間に埋め立て造成された新市街。古くは三菱造船所のドックがあったが、閉業により開発が可能になった。国内有数の超高層ビルであるランドマークタワーをはじめとしたオフィスビルやショッピングモールが集中する。

・箱　根　箱根関所の手前側、つまり江戸から比較的気軽に行けることによって発展した温泉地。これに加えて近代以降は芦ノ湖を中心としたリゾート地として発展した。正月2日・3日に行われる関東地方の風物詩、箱根駅伝の目的地でもある。

・鎌倉大仏　鎌倉時代の13世紀中盤に建立された、鎌倉のシンボルともいうべき青銅製の巨大阿弥陀如来像。なお、創建当初は大仏殿が存在したが、およそ100年強で失われたようである。

・江ノ島　相模湾の鎌倉寄り、海上に突き出す海食崖が取り巻く古くからの霊場にして観光地。片瀬海岸の砂洲でつながった陸繋島には源頼朝も保護した弁財天が祀られており、多くの人々が参拝する。春の生しらすも名物として知られている。

・大　磯　東海道沿いの小さな町だが、明治・大正時代以来、高官の別荘地として知られている。湘南地方は東海道線の開通以来、高官や皇族が次々と別荘を構え、現代にいたる海岸沿いのおしゃれな地域というイメー

ジの先駆けとなっている。

・**大　山**　丹沢山地中の名峰として知られている。また、大山阿夫利神社^{おおやまあふりじんじゃ}は古くから雨ごいに霊験あらたかな事で知られ、江戸から比較的近いことも相まって各地から参拝者を集めた。その参拝者が通った街道の一つである矢倉沢往還^{やぐらざわおうかん}は、現在の国道246号線に相当する。

●文　化

・**開港記念日と横浜市歌**　6月2日の横浜港開港記念日前後には、多くの横浜市内の小中学校で横浜市歌が歌われる。「されば港の数おおかれど／この横浜にまさるあらめや」（港の数は多いと言えど／この横浜以上に栄えた港はないはずだ）という自負含みの歌詞で歌われる歌は、だいたいの横浜市民が歌えることで知られている。近年、盆踊り用のアレンジも制作された。

・**小田原提灯**　宿場町として有名な小田原で生産されていた、旅用に重宝された折り畳み式円筒型提灯。小田原駅にはシンボルとして巨大なものがぶら下がっている。

・**箱根寄木細工**　少しずつ色が違う様々な樹種の木を組み合わせて文様を作り、それを細工物に貼り付けたりなどして作るもの。江戸時代の末期に、間の宿の畑宿にいた石川五兵衛という職人によって現在の技法が生まれた。

・**箱根駅伝**　東京大手町の読売新聞社前から東海道（国道一号線）沿いに箱根芦ノ湖まで向かい、そして往復する10人の走者のリレーで争われる関東地方の大学対抗駅伝。慣例として正月の2日・3日に行われる。

●食べ物

・**サンマーメン**　横浜の名物の一つであり、炒めたもやしなどの野菜のあんかけを、しょうゆベースのラーメンのうえに載せたもの。サンマを乗せているわけではないが、名前の由来は現在でも「シャキシャキとした具をのせた麺」「三種の具をのせた麺」など諸説存在する。

・**かまぼこ**　小田原名物の、魚のすり身を杉の板に盛り付けて蒸した料理。江戸時代には既に生産が盛んだったと伝えられている。沿岸漁業が盛んな相模湾に面しているうえ、交通量の多い東海道の旅人に、比較的保存性がよい魚製品として売り込むことが可能だった。

・**横須賀海軍カレー**　横須賀に旧海軍の鎮守府がおかれたのは1884年だ

が、その海軍のマニュアルに残されていたカレーのレシピを元に名物として復元された料理。横須賀にはこのほか、アメリカ軍からレシピ提供を受けたハンバーガーなどもある。

●歴 史

●古 代

　西から見れば足柄と箱根という東国の入り口にあたる神奈川県は、穏やかで温暖な気候に恵まれ早くから居住者がいたようである。相模原市の田名では、2万年前にさかのぼる旧石器時代の遺跡が発見されている。この遺跡の多い傾向は神奈川県全域でみられ、古墳時代には多摩川沿いなどを中心に横穴墓など多数の古墳がみられた。

　このような土地なので、相模川の流域や酒匂川の流域には比較的強い勢力が存在し、古代に相模国が設置された際には、これらとさらに東の鎌倉・三浦地域がまとめられたとする説が有力である。国分寺の遺跡は中央部の海老名市で見つかっているが、国府の方は何回か移転しているらしい。一方、後の東京湾沿岸側は、多摩川方面の豪族とつながりがある豪族が多く、武蔵国の一部となっている。

　平安時代以降には荘園が開かれていく。また、交通路の面では、足柄峠が802年の富士山噴火で一時通行不能になったことで箱根山を通過する道筋が開かれ、以降、東海道にはこの二つの道筋が併存した。

●中 世

　これらの荘園を開いた武士は在地の領主となっていく。かくして平安時代の末期には梶原氏や大庭氏、三浦氏、曽我氏、毛利氏、長尾氏などの、後の時代にも有名になる武家がいくつも生まれていた。このうち、鎌倉郡の中心として古くから郡衙（郡の役所）がおかれていた鎌倉に、源頼朝が入るのが1180年のことである。頼朝は鎌倉を、移転させた鶴岡八幡宮から海へとまっすぐに伸びる大路を軸とした都市へと改造。また多数の寺の造営・改築も始まり、ここに武家政権の中心地としての鎌倉の歴史が始まる。鎌倉を起点に北に延びるいくつかの街道（後の鎌倉街道）や、鎌倉へと向かうように本道が変わっていった東海道、また外港として北東方向に整備された六浦湊など、東国の中心地となった鎌倉を中心とした交通が整備さ

れていく。また、続く北条氏の執権政治の時代にかけて、円覚寺や建長寺、極楽寺や長谷寺といった現代に続く大寺が建立され、また中国からも高僧が招かれるなどの一時代を築いた。

　1333年、新田義貞による鎌倉攻めと続く市街地炎上以降も、鎌倉には室町幕府のうち東国を管轄する機関「鎌倉府」がおかれ、独自の政治機構を有するなど一中心であり続けた。ところが、このことが東国への支配を拡大したい京都の幕府と、独自性を保ちあわよくば京都の将軍位も手にしたい鎌倉の分家（鎌倉公方、鎌倉殿とも）との間で対立を後に招くようになる。この結果、1438年には将軍が時の鎌倉公方の討伐を命じて「永享の乱」が勃発、さらに鎌倉公方の遺児が鎌倉公方職の継承を許された後も、今度は公方家と関東管領家（関東管領は鎌倉府における副官の地位）の間で「享徳の乱」という戦いがおき、関東地方は通常戦国時代の開始とされる応仁の乱（1467年）に先駆けて混乱状態に陥った。この中で鎌倉公方が座所を古河（茨城県）に移したことにより、鎌倉は東国の政治的中心地としての地位を喪失する。関東管領上杉氏が主に武蔵を中心に勢力を持つが、小競り合いが頻発していた。

　それに平行して台頭を始めたのが伊勢氏、後の後北条氏であった。室町幕府では比較的将軍に近い申次衆を務めた伊勢盛時は、15世紀末に幕府公認のもとで伊豆地方を制圧していたが、そこから16世紀初頭にかけて相模に進出、小田原を本拠とするようになる。さらにこれを継いだ氏綱は、おそらくは相模の支配の正当性を強化するため、姓を「北条」に改姓し、以降約100年にわたり、小田原は相模・伊豆・武蔵の関東西部を中心として関東地方に勢力を広げる後北条氏の本拠地となり、大きく発展することになる。始祖伊勢盛時が「北条早雲」として知られるようになったのは、これ以降のことである。後北条氏は各地の国衆や家臣の軍役体制と税制の整備や、各地への支城の建設などを通じて、戦国時代としても比較的長期と言える五代にわたる安定した統治を1589年の豊臣氏への降伏まで実現したことでも知られており、滅亡後に東海から移された徳川家康は、領国整備に当たりこの基盤を大いにいかすことになる。

●近　世

　徳川家康がその本拠を江戸に置いたことによって、神奈川県の県域から400年ぶりに東国統治の中心地がなくなることになった。とはいうものの、

小田原は引き続き西から江戸に向かう交通の要所として重視され、箱根の関所は後に「入り鉄砲と出女」（特に厳しく取り調べられたものの代名詞、つまり西からの武器と、江戸から出かねない人質としての大名妻子の移動の監視）と言われる厳格さを誇った。また、大山や江ノ島など、江戸郊外の行楽地として発展した寺社仏閣や、神奈川や浦賀のように江戸の外港の一つとして発展した町も登場した。江戸に近いため、おかれた大きな大名は小田原藩程度で、後は旗本や幕府、小大名の領地が混じっている状況となっている。

　その様を変えるきっかけになったのが、1853年の浦賀沖への黒船（アメリカ戦艦）の来航であった。翌1854年、横浜村で日米和親条約の調印が行われる。東海道と海が近接し、かつ水深もある程度ある神奈川は、江戸近くの開港地として諸外国が望むところになりつつあったが、幕府は1858年の条約で横浜のみを、後に「横浜も神奈川の一部である」と理屈づけて開港。関東地方最初の海外貿易港となった横浜港には近隣の海運業者や商人が集い、急速に発展していく。

● 近　代

　横浜周辺地域には幕府直轄領も多かったため、それを新政府が引き継ぐ形となり、全国に先駆け1869年に神奈川県が設置された。ただし、県域はその後も変遷し、1871年の廃藩置県に伴っての整理では、小田原に県庁を置く足柄県と、相模川以東と多摩地方を管轄する神奈川県が設置。1876年にこの神奈川県と足柄県のうち相模国に該当する地域が合併するが、1893年、東京市域の水源として重要な多摩川の管理を大きな理由に多摩地方が東京府に移管。これによって現在の県域がほぼ確定した。なお、この移管については現代にいたるまで、多摩地方で盛んだった自由民権運動を当時の神奈川県庁が警戒して、という裏の理由もあったのではないか、と語られている。

　近代以降の神奈川県は、商港横浜港や軍港横須賀港などを中心とした関東地方の海の玄関口として、これらの港の存在と東京に近い地域という利点によって育まれた京浜工業地帯を東京・埼玉南部とともに形成する工業県として、また箱根や湘南など東京に近い行楽地として、さらには東京郊外の住宅地として発展していく。横浜港は特に生糸の取引によって拡大し、市内の三渓園に名を残す実業家の原三渓もその取引により財を成したもの

である。関東大震災や横浜大空襲で市内が炎上し再建されてもなお、その性格は現代までほぼ変動がないが、東京港が大きく整備された現在、海の玄関口としての性格にはやや競合相手が生じていることも事実であり、南本牧ふ頭などをはじめとした大型船などに対応した施設整備も進められている。

　また、意外と近代以降の神奈川県において外しきれないものが軍の存在である。海軍の方はもともと東京湾という重要拠点のため、1876年に鎮守府が横浜に置かれ、1884年には横須賀に移転した。陸軍の方も、日中戦争などに始まる戦時体制の中、士官学校や演習場、飛行場が1930年代に座間・大和・相模原など中央部の一帯に多数移転し、さらには海軍の連合艦隊司令部も、第2次世界大戦では横浜市の日吉台に地下壕を掘って移転する事態となっている。

　これらの背景を受けて、敗戦後に進駐した米軍もこれらの施設を利用・拡大することになり、特に座間には在日米軍の陸軍、横須賀には同じく海軍の司令部が現在までおかれている。このことが、横須賀や横浜などに代表される服・食べ物・音楽などに代表される基地文化ももたらした一方、現代までたびたび起こる米軍使用地の返還問題や騒音問題などの課題ももたらしている。古くからの東国統治の要という、この県のあり方は、その意味では変わってはいないのかもしれない。

【参考文献】
・神崎彰利ほか『神奈川県の歴史』山川出版社、2013
・小田原城総合管理事務所編、小和田哲男監修『戦国大名北条氏の歴史』吉川弘文館、2019

I

歴史の文化編

遺　跡

相模国分寺（五葉単弁蓮華文軒丸瓦）

地域の特色　　神奈川県は、関東地方の南西部に位置する。北東は多摩川、多摩丘陵などを境として東京都に接し、北西は丹沢山地を境として山梨県に、西は箱根火山などを境として、静岡県に接している。そして南は相模湾、東に東京湾に面する。北部の丘陵地域には、標高100m以下の多摩丘陵が位置し、多摩丘陵東南部には低台地の下末吉台地、加えて南の三浦半島へと続く標高100〜200mの三浦半島の丘陵が位置し、こうした台地の縁辺部には、多数の貝塚をはじめとした縄文時代の遺跡が分布する。また、県中央部を南流する相模川北部の相模原台地などには、目黒川流域、引地川上流域、目久尻川上流域、姥川・鳩川流域などに旧石器時代の遺跡が多数集中し、縄文時代の遺跡も数多く点在している。弥生時代には、横浜、川崎の丘陵地帯を中心に集落遺跡が認められ、他方、多摩川下流域の多摩川低地を基盤として、白山古墳をはじめとした古墳が構築され、これらの地域での権力者が沖積平野を基盤として出現したことを物語っている。

　古代には旧相模国全9郡と旧武蔵国3郡が県域を占めていた。相模国は、古代の相武国と師長国とを合わせたものである。海老名市国分には国府跡、国分寺跡と見られる遺跡が現存しているが、酒匂川の流域を中心として、現在の小田原市や南足柄市などの地域も国府の所在地が想定されている。また、長者原遺跡（横浜市）など100棟以上の掘立柱建物跡が検出された遺跡もあり、官衙との関連をうかがわせる。なお、箱根山は古代では足柄峠と呼ばれ、相模国と駿河国との境界をなすと同時に、中国・遠国の境でもあり、「坂東」の地名の由来ともなった。1180（治承4）年に源頼朝が伊豆に挙兵し、後に鎌倉に幕府を開いてからは、鎌倉が武家の都として拠点となった。ここに交通路が集中するとともに、鎌倉には防衛施設を兼ねる七切通が設けられた。また、中世の鎌倉は多数の戦乱の舞台ともなり、滑川河口右岸の海岸沿いに位置する由比ガ浜南遺跡（鎌倉市）や滑川右

　凡例　**史**：国特別史跡・国史跡に指定されている遺跡

岸のやや内陸に位置する由比ガ浜中世集団墓地遺跡（鎌倉市）では、数多くの人骨が出土し、刀創の痕跡のある個体も多く認められたことは、土地柄を示すものといえる。他方、県内には、三浦氏や大森氏、小田原北条氏の一族によって築かれた、多数の中世城郭の痕跡も現存している。

　後北条氏の滅亡後は徳川氏の支配となり、近世になると、小田原藩をはじめ、他藩の飛地や旗本領、代官領が混在することとなった。江戸城構築に際して、「伊豆石」と称される石材が伊豆半島、箱根近辺より大量に切り出された。そうした石切場の遺構が早川石丁場群（小田原市、国史跡）をはじめ、数多く確認されている。また1707（宝永4）年旧暦11月23日に噴火した富士山の火山灰処理に伴う遺構が県西部地域などに認められ、その被害の甚大さを現在に伝えている。

　1868年、横浜に神奈川県（元神奈川府）が置かれ、旧韮山代官領は韮山県となった。1871年には六浦、荻野山中、小田原の各藩が廃されて県となった。さらに、同年には六浦県は神奈川県と合併して神奈川県（旧武蔵国の一部を含む）となり、荻野山中・小田原県は韮山県（旧伊豆国）と合併して足柄県となった。その後、1876年には足柄県7郡（旧韮山県は静岡県へ移管）は神奈川県に合併し、1893年には多摩3郡が東京府へ移管されて、現在の県域が確定した。

主な遺跡

月見野遺跡群

＊大和市：境川支流の目黒川流域の台地縁辺部に分布

時代 旧石器時代

　1968〜69年にかけて、宅地造成工事によって発見され、4遺跡10地点について、明治大学によって発掘調査が行われた。立川ローム層の上半部の厚さ3ｍ前後のローム層より文化層が多数認められ、ナイフ形石器や槍先形尖頭器を中心とした石器群の構成や変化を層位的にとらえることができた。加えて平面的なブロックやユニット単位での石器集中の平面的なまとまりをとらえられた点で、東京都の野川遺跡（調布市）とともに研究史上、画期的な調査として評価されている。これらの調査以後は、相模野台地や武蔵野台地における遺跡間の層序を統一してとらえ、石器群の変遷を地域単位で理解する方向に進むことになった。

　なお、1979〜82年に団地造成に伴って発掘調査が行われた上野遺跡では、ナイフ形石器や槍先形尖頭器などの石器群のほか、細石刃を中心とした石器群や縄文時代草創期の石器群、無文土器群も新たに発見され、縄文

土器文化の始まりを考えるうえで貴重な遺跡となっている。

諸磯貝塚
もろいそ

＊三浦市：三崎海食台地の北斜面、標高約30mに位置
時代 縄文時代前期後半

1897年に八木奘三郎が調査を行い、1921年には、榊原政職が調査を実施。出土した資料について「諸磯式」を提唱した。1937年には、赤星直忠、酒詰仲男が小貝塚を調査し、貝層下から黒浜式期の竪穴住居跡を検出した。貝層はサザエ・アワビ・カキなどを主体とする純鹹貝塚で、マダイやクロダイ、スズキが検出されている。諸磯a・b・c式の標識遺跡として著名である。1979年の試掘調査では、竪穴住居跡が5軒認められた。

南堀貝塚
なんぼり

＊横浜市：鶴見川支流、早淵川左岸の台地上、標高約45mに位置 **時代** 縄文時代前期

1939年、40年の発掘調査により、縄文前期の黒浜、諸磯a式期の竪穴住居跡を検出し、1955年には、横浜市史編纂事業の一環として、和島誠一を中心に発掘調査が行われた。48軒の竪穴住居跡が認められ、その多くは台地の南側縁辺部に集中していた。西側に開く馬蹄形状の集落で、黒浜式期には数軒、諸磯a式期には10軒程度が同時に存在していたものと推測されている。西側斜面や竪穴住居跡覆土内に貝層の堆積が見られ、マガキ、ハマグリ、ハイガイなどを主体とする。土器、石器など各種の遺物も多量に出土した。その後、港北ニュータウンの建設に伴い、第2次調査が1983年以降実施され、新たに竪穴住居跡や広場部分より墓坑と考えられる土坑が100基以上認められ、縄文時代の定型的集落跡の様相を明らかにするうえで、重要な知見を提示している。

勝坂遺跡
かつさか

＊相模原市：相模原台地の中位段丘面、相模川を望む標高約70mに位置 **時代** 縄文時代中期 **史**

1925年、大山柏の主宰する大山史前学研究所がA区（遺跡はA〜F区に分けられる）の一部の調査を行い、完形およびそれに近い土器11個と顔面把手を含む多数の土器片を採集した。戦後もA〜C区では確認調査や個人住宅建設に伴う小規模な調査が実施されており、1973年にはD区に大規模な宅地造成の計画がなされ、多数の竪穴住居跡などの遺構や遺物が検出されたため、市民運動もあり、翌年には国指定史跡として保存された。

なお、加曾利E式よりも古い型式の勝坂式土器の標識遺跡としても知られ、五領ヶ台〜加曾利E式期の集落跡と考えられている。大山柏が本遺跡より出土した多数の打製石斧について、「土掻き」の道具に比定し、原

始農耕との関係性を論じたのは著名である。なお、大山の発掘した遺物は、1945年の空襲によって残念ながら焼失している。

歳勝土遺跡（さいかちど）
＊横浜市：早淵川左岸の丘陵上、標高48m前後に位置
時代 弥生時代中期　　史

　1972〜73年にかけて、港北ニュータウンの開発に伴い発掘調査が実施され、縄文中期の竪穴住居跡と土坑群・集石のほか、弥生中期の方形周溝墓（ほうけいしゅうこうぼ）、壺棺（つぼかん）、弥生後期の竪穴住居跡、方形周溝墓、壺棺、溝状遺構などが発見された。縄文中期の竪穴住居跡は勝坂式期から終末のものまであり、北西側に隣接する大塚遺跡（おおつか）（横浜市）の集落の一部にあたる。弥生時代中期の方形周溝墓は宮ノ台期（みやのだいき）にあたり、小支谷の谷頭縁辺（こしたに たにがしら）に沿って並ぶコの字形の周溝のものと、その東西両側の台地上の4本の溝で囲まれた形態のものなどが認められた。周溝内からは、供献されたと見られる宮ノ台（みやのだい）式の壺・鉢（しき）が出土しており、埋葬施設は墓中央に土坑を設けるもので、周溝内からも壺棺など埋葬の行われた痕跡が認められた。副葬品などは出土しなかった。

　この墓地を形成した人々が暮らしたと考えられる大塚遺跡は、1973年より全面的な発掘が行われ、弥生時代の竪穴住居跡が100軒以上のほか、掘立柱建物群とともにそれらを取り巻く環濠（かんごう）を検出した。環濠の規模は、長軸約200m、短軸130mで、その形状は台地縁辺を繭形（まゆがた）に全周し、総延長は600mを測る。弥生時代後期初頭には環濠の大部分が埋没し、その防御的機能を失っていたと思われる。竪穴住居跡は大半が弥生時代中期の宮ノ台期のもので、3グループに区分され、各グループとも10軒前後が同時に存在していたものと推定されている。また長軸9mを超える大型住居跡がそれぞれのグループに構築されている。大塚遺跡には100人を超える集団が暮らしていたと考えられているが、こうした拠点的農耕集落と歳勝土遺跡のような墓地との関わりが明らかになったことは、きわめて貴重である。現在は遺跡公園として整備がなされている。

三殿台遺跡（さんとのだい）
＊横浜市：大岡川と禅馬川により形成された独立丘陵、標高約50mに位置　時代 弥生時代中期〜後期　　史

　1959年、60年に予備調査が行われ、1961年、和島誠一（わじませいいち）によって本格調査が実施された。250軒を超える竪穴住居跡が台地平坦部一面に検出され、縄文時代中期〜後期が8軒、弥生時代中期〜後期が151軒、古墳時代前期と後期が43軒などで、弥生時代の住居跡が最も多い。なかでも弥生時代中期と推定される306c号住居跡は、長径13.7m、短径11.8mと規模が大

きく、床面より壺、甕、鉢など14個体分と銅環1、打製石斧7、磨製石斧2などが出土し、集落における中心的な役割を担った住居と推測されている。なお、台地縁辺部では、北側斜面においてハマグリ、アサリなどからなる弥生時代の貝塚があり、宮ノ台式土器などが出土している。発掘後は、平坦部の遺跡を中心に、復元住居を設けて全域が保存され、文化財保護のモデルケースの遺跡となっている。

白山古墳 （はくさん）
＊川崎市：矢上川の東岸、小独立丘上の標高30m前後に位置
時代 古墳時代前期

　1937年に慶應義塾大学により調査が行われた。主軸長は87m、前方部幅37m、高さ5m、後円部径42m、高さ10.5mを測る。埋葬施設としては前方部から粘土槨1、後円部中央に木炭郭1、その上方左右に粘土郭2が発掘されている。特に中央の粘土槨には、三角縁神獣鏡、内行花文鏡をはじめ玉類、鉄器類が副葬されていた。特に、舶載の三角縁神獣鏡は優品であり、同笵鏡が京都府椿井大塚山古墳（相良郡山城町）と山口県竹島古墳（新南陽市）から発掘されている。その他の埋葬施設からも、鏡類、玉類、鉄器類が検出された。4世紀後半の築造と考えられている。

　近隣には1936年に慶應義塾大学が調査した矢上古墳（横浜市）もあり、主体部は粘土床（長軸2.25〜2.37m、幅0.66m）からなり、副葬品として、同笵の鼉竜鏡2面と豊富な玉類（硬玉製勾玉、琥珀勾玉、棗玉、碧玉製管玉、ガラス勾玉、丸玉、小玉）、鉄剣、鉄鏃、竹製櫛などが出土した。5世紀前半の古墳とされ、出土遺物は、国の重要文化財に指定されている。また、矢上川を隔てて白山古墳と対峙する観音松古墳（川崎市）は、南関東における古墳の最古の一群に属し、築造年代は4世紀後半と考えられている。これらの古墳は鶴見川下流域を基盤とした、大和政権との関りをもつ集団の存在を推測させるものといえよう。残念ながらこれらの古墳はすべて消滅した。

相模国分寺跡 （さがみこくぶんじあと）
＊海老名市：相模川左岸の座間丘陵上、標高約33mに位置
時代 奈良時代末〜平安時代初期
史

　1965年より神奈川県・海老名市の教育委員会により試掘調査がなされ、1966年より文化財保護委員会によって調査が行われた。法隆寺式の伽藍配置による塔・金堂・中門・回廊・東築地跡・講堂の後方に僧坊・北方建物を確認した。金堂と講堂の心々南北距離が60mをなすことから、塔・金堂跡の中心より南側120m前後と推定され、3町四方の寺域をなすと考えられている。出土品には須恵器・土師器はもとより鬼瓦や珠文縁五葉

単弁蓮華文など文様の瓦当類や丸瓦・平瓦が出土した。均正唐草文字瓦とセット関係をなす珠文縁五葉単弁蓮華文鐙瓦を下総国分寺創建期瓦の硬直化した形式と見ることもでき、奈良末から平安初期に比定される。

　同じく相模国分尼寺は、国分寺から北方600mに位置する。金堂の礎石を除いて移動している。六葉・八葉単弁蓮華鐙瓦や扁行唐草文字瓦、丸瓦・平瓦などが採集されている。

上行寺東遺跡 ＊横浜市：丘陵の海食崖面、標高約20〜35mに位置
時代 鎌倉時代

　1984年、マンション建設に伴う事前調査で確認され、発掘調査が実施された。1986年にも発掘調査が行われている。中世には鎌倉の重要な外港であった六浦を見下ろす地にあたり、見下ろす凝灰岩の岩山に刻まれた遺跡で、崖面に約40基の「櫓」と呼ばれる中世の横穴墓群が存在する。台地頂上部には平場が造成され、奥に阿弥陀如来とされる仏を彫り出した櫓が認められた。その櫓に接して柱穴が検出されたことから、この平場には阿弥陀如来を本尊とする石窟と、その礼堂と考えられる堂が存在したものと推定された。また堂の脇には、洲浜をもつ小規模な池の遺構も残されており、仏教関連施設であることをうかがわせる。遺物では、蔵骨器や五輪塔・板碑などが認められ、これらの遺構が構築された時期は鎌倉時代〜室町時代と推定されている。こうした施設や周囲の櫓群との関係について不明な点が多いまま、遺跡は工事のために破壊されることになったが、地元住民や学術関係者による保存を求める強い要請によって、横浜市は遺構の一部を保存したほか、主要部分について型取りを行い、隣接地にセメントで再現するなどの措置が講じられた。

国宝 / 重要文化財

鎌倉大仏

地域の特性

　関東地方の南西部に位置する。北西側に丹沢山地、南西側に箱根山があり、東側には多摩川以南の多摩丘陵が南へのびて、三浦半島となっている。中央には相模川をはさんで台地と低地があり、南側には相模湾の砂丘地が広がっている。県北東部の横浜と川崎は、東京と関係の深い地域で人口密度も高く、政治・経済・文化の中心である。県南部の相模湾岸一帯は、中国の景勝地の地名にちなんで湘南と呼ばれている。保養地から発展して観光地となり、住宅地も広がった。県央部の相模原の台地にはアメリカ軍基地があり、工業開発や宅地化が進んでいる。県西部の丹沢山地や箱根山では、沢登りの登山者や温泉客でにぎわっている。

　源頼朝が鎌倉に幕府を開き武家政治を確立した。戦国時代には後北条氏が小田原を本拠に関東地方を制覇し、また江戸時代末期には横浜が開港場となって文明開化の先進地になった。このように神奈川県は、歴史の流れに先駆的役割を担った。京都・奈良の王朝文化に対抗して、武家たちの間で新しく流行した禅宗、あるいは後世の学術に大きな影響を与えた金沢文庫など、文化的にも特色を示している。江戸時代には少数の中小藩と、数多くの旗本領、天領に細分された。明治維新の廃藩置県で神奈川県と足柄県が置かれたが、その後足柄県が廃止され、1893年に多摩地方が東京府に編入されて、現在の神奈川県ができた。

国宝 / 重要文化財の特色

　美術工芸品の国宝は18件、重要文化財は276件である。建造物の国宝は1件、重要文化財は53件である。鎌倉に幕府が開かれて政治文化の中心となったため、有力者の庇護を受けた建長寺や円覚寺などの鎌倉五山、金沢文庫（称名寺）、鶴岡八幡宮に文化的財宝の集積が見られる。ただし戦乱や災害によって、鎌倉時代の建造物はほとんど残っていない。近代にな

って生糸貿易で富豪となった原富太郎が、膨大な古美術品と多数の古建築物を集めた。彼の古美術品コレクションは四散したが、邸宅の庭園だった三渓園（さんけいえん）では、今でも移築された建造物を見ることができる。関東大震災後に、寺社や個人所有の文化財を保護するため鎌倉国宝館が建てられ、国宝／重要文化財が多数収蔵されている。また川崎にある日本民家園には全国から民家が集められ、重要文化財や県市の指定文化財となった民家が多く残されている。

●阿弥陀如来坐像（あみだにょらいざぞう）

鎌倉市の高徳院（こうとくいん）所蔵。鎌倉時代の彫刻。由比ヶ浜（ゆいがはま）の海岸から約1km北に位置する。鎌倉大仏（かまくらだいぶつ）の名称で親しまれている銅造の巨大な仏像である。1252年から製作が始まり、約10年かけて完成したといわれている。像高11.3m、重量121tである。やや猫背気味の上体、面長な顔、切れ長の目は宋代仏画の影響を示している。鋳型でつくられたいくつもの部品が、鋳繰（いか）りという技法で接合された。表面に継目の痕跡が水平状に薄く見て取れる。胎内に入って裏側を拝観すると接合の様子がよくわかる。

　元来大きな仏像を納める仏殿があったが、1495年の津波で仏殿が倒壊し、以来露仏になったという。高徳院に伝わる文書によると、1703年の元禄地震で台座前方が崩れて前向きに傾いたが、正徳年間（1711～16年）に祐天上人（ゆうてんしょうにん）によって修復された。1923年の関東大震災の時にも約45cm前面にせり出し、後ろ側が約10cm、前側が約35cm地中にめり込んだ。関東大震災は鎌倉のほかの諸寺院にも、建造物の倒壊や仏像の破損など甚大な被害を与えた。1924年から文部省の国庫補助事業で寺院・仏像の修復作業が開始され、鎌倉大仏は同年11月から翌年5月まで修復工事が行われた。奈良の大仏をはじめ巨大な仏像の多くが当初の姿を失っているなか、鎌倉大仏は幾たびもの災害を乗り越え、創建時の姿を見事にとどめている。

　なお大仏の後方に、観月堂という朝鮮の建造物がある。元ソウルの朝鮮王室の宮殿に建っていたという。山一合資会社（後の山一證券）社長杉野喜精（きせい）の東京・目黒の私邸に移築されてから、1924年に高徳院へ寄贈された。韓国へ戻すことに合意したと2010年に報じられたが、実現していない。

◎弥勒菩薩立像（みろくぼさつりゅうぞう）

横浜市の称名寺（しょうみょうじ）の所蔵。隣接する金沢文庫でレプリカを展示。鎌倉時代中期の彫刻。北条実時（ほうじょうさねとき）（1224～76年）が造立（ぞうりゅう）を発願した称名寺金堂の本尊で、像高約194cmの木造の仏像である。彼の死後に完成して、追善供養された。安置されている須弥（しゅみ）

壇の板壁（来迎壁）表には、聖衆を従えて兜率天浄土から降りてくる弥勒菩薩を描いた弥勒来迎図、裏には兜率天で修行に励む弥勒浄土図が描かれている。境内は弥勒の浄土を表す浄土庭園となっていて、広大な苑池の周辺にかつて多数の堂塔が建っていた。浄土信仰では、主に阿弥陀如来や極楽浄土からの阿弥陀来迎図が描かれたため、弥勒菩薩を中心にして表現するのは珍しい。弥勒菩薩は釈迦についで56億7,000万年後に如来になると確約された尊格で、北方の兜率天浄土を住処とする。鎌倉時代になると、阿弥陀信仰に対抗して釈迦如来に回帰する復興気運が南都（奈良）で強まった。その延長線上で、入滅した釈迦が弥勒となってこの世に現れるのを待つという釈迦・弥勒信仰が、奈良県西大寺の叡尊、鎌倉極楽寺の忍性ら真言律宗の僧侶たちによって推進された。殺生禁断の励行を説く叡尊に帰依した北条実時は真言律宗に改宗し、称名寺も弥勒信仰を特色とするようになった。

　北条実時の創設した金沢文庫は、歴代北条氏によって多数の書籍が収集されたことで有名である。鎌倉幕府滅亡とともに北条氏も途絶え、文庫の経営は称名寺に移された。寺が衰微すると、上杉憲実、北条氏康、豊臣秀次、徳川家康、前田綱紀など権力者たちが次々に蔵書を持ち出し、散逸が進んだ。近代になって1897年に、伊藤博文の助力で称名寺境内に金沢文庫が再建されたが、関東大震災で破壊された。実業家大橋新太郎の寄付で1930年に県立金沢文庫が復興された。現在、称名寺・金沢文庫には北条実時、顕時、貞顕、貞将の歴代肖像画である四将図、平安時代の写本である文選集注、金沢文庫文書、称名寺聖教、青磁壺、銅鐘など多数の国宝／重要文化財がある。

● 籬菊螺鈿蒔絵硯箱

鎌倉市の鶴岡八幡宮の所蔵。鎌倉国宝館で展示。鎌倉時代の工芸品。蒔絵工芸の硯箱で縦29cm、横24cm、蓋と身からなる。全面に金粉を蒔つめた沃懸地で、蓋の表面には、夜光貝や鮑貝の貝殻を嵌入する螺鈿の技法で、竹や柴を編んで作った籬や、多数の大きな菊を描く。空には鳥、地には岩や下草を配している。平安時代の絵画的情景を継承し、硯箱として数少ない古例である。鶴岡八幡宮には、類似の蒔絵工芸品として北条政子の手箱が伝来していたが、1873年のウィーン万国博覧会出品後、帰途に輸送船が静岡県伊豆沖で沈没し、失われてしまった。

　もともと鶴岡八幡宮は神仏習合で、八幡大権現を祀り、12院の僧侶が

いた。明治維新の廃仏毀釈で多数の堂塔と宝物が、きわめて短期間に処分され、僧侶たちは復飾（還俗）して、総神主となって八幡宮にとどまった。僧侶とは別に旧来から大伴氏という神主がいたのだが、復飾した元僧侶たちは神主の上に総神主の役職を新たに設けて、従来の権力をそのまま維持した。しかし元僧侶たちは零落し、豆腐売り、車夫、あるいは小学校教員になった。宮司として残った元僧侶の筥崎博尹は、過激に進められた廃仏毀釈を悔やんで散逸した宝物を再び買い集め、優れた蒔絵工芸品などを多数所有していた。

◉清拙正澄墨跡　常盤山文庫の所蔵。鎌倉国宝館などで展示。南北朝時代の書跡。中国の高僧、清拙正澄（1274～1339年）が臨終に際して書いた遺偈である。偈とは仏徳を賛嘆して教理を述べたり、仏教の真理を詩の形で表現した文である。清拙正澄は1326年、53歳の時に北条高時の招きで渡来した。建長寺、円覚寺、建仁寺、南禅寺に歴住し、66歳で示寂（死去）した。この墨跡は、棺割の墨跡とも呼ばれ、臨終に間に合わなかった弟子の前典厩藤公が棺の前で泣いていると、正澄が眼を開き、法を授けたという逸話が伝わっている。文の内容は、稲妻の光る荒れた天地で、皆に別れを告げるというもので、崇高な辞世の心境が、気魄のこもった筆致で書かれている。

　常盤山文庫は、鎌倉の開発にも関与した実業家菅原通済の集めたコレクションを所蔵している。墨跡以外に、室町時代の水墨画を主軸とした絵画、中国陶磁器などの名品がある。展示施設がないため、収蔵品は国内外の展覧会で展示され、鎌倉国宝館では毎年定例のように常盤山文庫の展覧会が開催されている。

◎建長寺仏殿　鎌倉市にある。江戸時代前期の寺院。建長寺は、宋の禅僧である蘭渓道隆（1213～78年）を開山として、北条時頼が1249年に創建した禅宗寺院である。鎌倉五山の第1位の寺格を与えられた。宋代の禅宗寺院の伽藍形式に基づいて、一直線につながるように主要伽藍が配置された。地震や火災で再建が繰り返され、現存する堂宇は移築されたものが多い。仏殿は、東京都の芝増上寺にあった2代将軍徳川秀忠夫人（家光の母）の崇源院の霊を祀った霊屋を、1647年に移築したものである。方3間の裳階付寄棟造で、裳階の正面に軒唐破風が付く。柱上に組物をびっしりと並べた詰組、花頭窓、柱の下の礎盤など、全体に禅宗様の建築様式を示している。しかし天女や鳳凰など華麗な彫刻が

あり、霊廟建築の特徴も見られる。

◎臨春閣 横浜市にある。江戸時代前期の住宅。数寄屋風書院で、横浜の実業家原富太郎が造営した三渓園にある。原富太郎はこの建物を、豊臣秀吉の建てた聚楽第の北殿を桃山城に移したものだと思い、1906年に購入して横浜へ移築した。しかし紀州藩初代藩主徳川頼宣が1649年に和歌山市の紀ノ川沿いに建てた別邸の巌出御殿で、その後大阪市此花区春日出新田に移された建物という説が一般的となった。さらに近年、もともと新田開発のために建てられた春日出新田会所の建物だったとする説が出されている。臨春閣は第1屋から第3屋までの3棟で構成され、第3屋のみ2階建で、ほかは平屋である。池に接して南東から北西へ弧状に建てられ、各部屋から園内の景色を巧みに観賞できるように棟が配置された。各部屋には狩野探幽、狩野常信、狩野山楽、狩野永徳ら狩野派の障壁画があり、欄間には波形の彫刻や浪華和歌色紙などがあって、趣向の凝らされた室内装飾となっている。また大阪から移築する際に、重厚感のある本瓦葺の屋根を檜皮葺と柿葺に替えて、軽快な姿にした。原富太郎は自らの美意識に基づいて、精密に計算して臨春閣を再建したのである。

三渓園は外苑と、原氏の私的居住空間だった内苑に分かれている。1906年に外苑が無料で開放され、内苑は1958年に一般公開された。外苑には京都から移築された旧燈明寺三重塔 と旧燈明寺本堂 、鎌倉から移築された旧東慶寺仏殿 、内苑には臨春閣 、京都から移築された聴秋閣 、旧天瑞寺寿塔覆堂 、月華殿 など多数の古建築がある。広大な庭園の中で、四季折々の草花とともに日本的風景が形成されている。

◎旧北村家住宅 川崎市の日本民家園にある。江戸時代中期の民家。1687年に丹沢山塊の麓に建てられた農家で、墨書で年代が判明した珍しい例である。平面は広間型3間取りで、中央にヒロマ、向かって右側に土間のダイドコロ、左側奥に寝室のヘヤ、左側手前に座敷のオクがある。ヒロマは竹簀子床で奥の炊事場が板間になっている。オクに床の間が付く。ヘヤは畳敷で押入があるなどの特徴を備え、家屋の内外に竹材が多く利用されている。

	時 代	種 別	名　　称	保管・所有
1	奈 良	典 籍	◎注大般涅槃経	西方寺
2	平 安	彫 刻	◎木造薬師如来両脇士像	宝城坊
3	平 安	彫 刻	◎木造神像（男神坐像、女神坐像）	箱根神社
4	平 安	典 籍	●文選集注	称名寺
5	鎌 倉	絵 画	●紙本著色当麻曼荼羅縁起	光明寺
6	鎌 倉	絵 画	●絹本淡彩蘭渓道隆像	建長寺
7	鎌 倉	絵 画	●絹本著色北条実時像	称名寺
8	鎌 倉	絵 画	●絹本著色一遍上人絵伝 （法眼円伊筆）	清浄光寺
9	鎌 倉	彫 刻	◎木造退耕禅師坐像	浄妙寺
10	鎌 倉	彫 刻	◎元箱根磨崖仏	箱根町
11	鎌 倉	工芸品	●梵鐘	建長寺
12	南北朝	絵 画	●紙本著色箱根権現縁起	箱根神社
13	江 戸	絵 画	●紙本淡彩十便図（池大雅筆）、 紙本淡彩十宜図（与謝蕪村筆）	川端康成記念会
14	中国・日本 ／南宋・鎌倉	書 跡	●大覚禅師墨跡（法語規則）	建長寺
15	中国／元	書 跡	●馮子振墨跡（画跋）	常盤山文庫
16	鎌倉前期	石 塔	◎五輪塔	東昌寺
17	鎌倉後期	石 塔	●建長寺大覚禅師塔	建長寺
18	室町前期	寺 院	◎宝城坊旧本堂内厨子	宝城坊
19	室町中期	寺 院	●円覚寺舎利殿	円覚寺
20	江戸前期	寺 院	◎英勝寺	英勝寺
21	江戸前期〜 末期	民 家	◎関家住宅（横浜市都筑区勝田町）	―
22	明 治	商 業	◎旧横浜正金銀行本店本館	神奈川県
23	明 治	産 業	◎旧横浜船渠株式会社第1号船渠 （ドック）	横浜市
24	明 治	観 光	◎福住旅館	湯本福住
25	大 正	文化施設	◎横浜市開港記念会館	横浜市

小田原城天守

城郭

地域の特色

相模国と武蔵国南部からなる神奈川県は、三浦氏をはじめとする武士発祥地であり、中世東日本に発信した鎌倉文化の中心地を抱える。鎌倉は鎌倉幕府および関東公方が置かれ、中世東日本の都というべきであった。鎌倉は三方が丘で、一方が海で、丘には切通と呼ぶ左右が城砦化した通路が設けられた城郭都市であった。鎌倉武士は在地農耕地を支配するため農地や水源を抱える形で館や丘に城館を構えた。

南北朝争乱期には、城攻めの戦が多発。城は郷村背後の山上または丘に築かれる。山城の発生である。川村城・枡形山城・衣笠城・大庭城・湯坂山城などがこれである。南北朝、室町期の鎌倉をめぐる反乱、太田道灌、足利政知らによる城攻め、籠城戦が多くなると、関東平野の水に接する比高20m余りの丘上に夥しい数の城館が築かれる。在地農地の掌握と一朝事ある折に備えての城館である。

戦国期を迎えると、鎌倉公方と関東管領が鎌倉を離れ古河と所領地に、山内上杉、扇谷上杉の家臣たちが自領を守るため、多くの城・要害を丘上に構えた。やがて三浦氏、扇谷上杉氏の旧来勢力が加わり、太田氏、豊嶋氏、大森氏、後北条氏などが頭角を現し16世紀の戦国争乱の世に至った。小田原城を本拠に北条氏綱・氏康は相模から武蔵南部を制圧。永禄から天正初年（1558～1573）には、関東最大の武力集団となり、本城と支城領網を武相両国中心に形成した。

小田原城と支城の玉縄城・津久井城・相州岡崎城・小机城の各支城には衆と呼ぶ軍団が組織された。衆に組み込まれた在地領主は、貫高による郷村収穫高に応じて所領役高が定められた。後北条氏はすべての郷村を収穫貫高に置き換え、家臣団のそれぞれの所領高として、貫高による各種課役を命じた。天正18（1590）年北条氏支配は終了、県内は徳川直轄となった。徳川家康は関八州を統治するにあたり、貫高を石高に変え、北条氏支配形

態を踏襲するのである。

主な城

三崎城 （みさき）　別名 三浦城、宝蔵寺城　所在 三浦市城山町　遺構 土塁

　三浦半島は平安時代より三浦一族の本拠であった。永正8（1511）年のこと、当城主三浦義意は、父陸奥守義同を城に迎え、北条早雲の軍勢と対した。三崎の入江を抱える城は早雲を向こうに回して、3年間の籠城戦に及んだ。永正13（1516）年7月11日、三浦義意は城を打って出て自ら21歳の命を絶った。城は北条氏時代に水軍の本拠地となり、里見水軍に対抗した。

石垣山城 （いしがきやま）　別名 一夜城　所在 小田原市早川　遺構 石垣、淀殿化粧井戸　史跡 国指定史跡

　この城は豊臣秀吉の一夜城として名高い。秀吉は関東の強豪北条氏を平定しようと、陸海あわせて12万6千余の大軍を率いて小田原城を包囲した。初め秀吉は箱根の早雲寺に本陣を置いたが、やがて前線に本陣を移そうと小田原市内を一望できる石垣山に築城の普請を始めた。突貫工事で城を完成させた秀吉は、夜のうちに城の前をさえぎる樹木を切り払わせた。一夜明けて小田原城内では、忽然と出現した大城郭に驚愕したという。北条氏が降伏すると、この城は徳川家康の家臣、大久保氏の管轄となったが、やがて廃城となる。

大庭城 （おおば）　所在 藤沢市大庭　遺構 土塁、空堀

　治承4（1180）年源頼朝挙兵に際し、大庭景親は平氏の総大将として活躍したが、頼朝が鎌倉に入部してまもなく攻められ、落城した。室町中頃、城は扇谷上杉氏の執事太田道灌によって再び取り立てられ、「繋ぎの城」として大規模な築城工事がなされた。ちょうど鎌倉から扇谷上杉氏の居館「糟谷館」の中間に位置するこの城は、道灌にとって江戸、川越とともに重要拠点となっていた。

小田原城 （おだわら）　別名 小峰山城　所在 小田原市城内　遺構 石垣、堀、復興天守・平櫓、復元常盤木門・銅門　史跡 国指定史跡

　この地に城が初めて築かれたのは平安末期、土肥一族の小早川氏であった。室町期に入ると、駿河国に身を起こした大森氏が小田原城に入った。

大森氏の小田原入城は頼明の代、応永23（1416）年のことという。その後大森氏は足利管領に従い、小田原から箱根、足柄地方に君臨した。頼春、憲頼、氏頼、実頼と約80年間を経て、文明年間（1469～87）に至った。その間、箱根連山に築城、さらに南足柄に岩原城を築き、長尾景春の乱では太田道灌とともに大活躍をした。明応4（1459）年、伊勢新九郎長氏、その後の北条早雲は、関東進出を志し、大森氏の守る小田原城を攻略した。小田原城を手に入れた早雲は大森氏を真田城に追い、全滅させたとされる。さらに、氏綱の代に三浦一族を滅ぼし、大永4（1524）年には江戸城の扇谷上杉氏を西武蔵に追い、相模および南武蔵一円をその手中に収めた。

　小田原城の拡張工事は早雲の子氏綱より、氏康、氏政と続き、城は天下一の大城郭となった。この間、永禄4（1561）年には上杉謙信に包囲され、さらに武田信玄の軍勢に攻められたが、容易にその軍勢を寄せ付けなかった。氏康、氏政の代には北条氏は関東一円にその勢力を伸ばし、まさに東国一の戦国大名になった。

　こうして上杉謙信、武田信玄亡き後、北条氏は5代目氏直が当主であった。天正18（1590）年正月から、豊臣秀吉の来襲に備え、氏政、氏直は小田原城に関八州の人夫を動員して、大規模な修築普請を行った。このとき完成した城は東に酒匂川、南に海、西に早川、北に天下の険、箱根連山に及ぶ外郭を構えるに及んだ。

　秀吉の軍勢は1月徳川家康を先陣に侵攻がなされた。この折、小田原城中では有名な「小田原評定」があり、籠城説に結論が出て、秀吉の軍勢20万の大軍を向こうに回して、小田原城に籠った。合戦の火蓋は箱根山の城で切られた。徳川軍の活躍はめざましく、山中城をはじめとした箱根一帯の諸城を陥れ、さらに相模、武蔵一円に転戦した。織田信雄の兵は韮山城を包囲するに及んだが、なかなか落ちず、6月下旬、秀吉は小田原城の真上の石垣山に陣城を構え、7月5日、ついに小田原城を開城に導いたのである。7月9日、城が明け渡された。ここで北条氏の関東支配は終わり、徳川家康は関八州を領して江戸に入る。江戸時代に入ってからは大久保氏が領し、のち番城、さらに阿部、稲葉氏が入城、貞享3（1686）年から再び大久保氏の持ち城となり明治に至った。

玉縄城 （たまなわ）　別名 甘縄城　所在 鎌倉市城廻　遺構 堀切、土塁、空堀

　明応4（1495）年、北条早雲は大森藤頼の小田原城を攻め、これを本拠と
し、関東進出の布石となした。その後、永正9（1512）年8月、三浦氏を岡
崎城に攻め滅ぼし、三浦半島および鎌倉一円を攻略するため早雲が築いた
城が玉縄城である。初代城主は氏時であったが、氏時は里見氏の軍勢と城
の北東戸部川（柏尾川）に対して討死、その後綱成が城主となる。永禄4
（1561）年、氏繁が城主の折、上杉謙信の軍勢に攻められたが落ちず、謙信
は兵を引き揚げたという。天正18（1590）年の小田原の役には氏勝が城主
であったが、家康の軍勢に囲まれ開城に及んだ。現在、城址は清泉女学院
のキャンパスで校庭に諏訪壇という物見台が残り、空堀の一部も残る。

津久井城 （つくい）　別名 筑井城　所在 相模原市緑区根古谷　遺構 土塁、堀切、石垣

　津久井城は関東地方の典型的な山城としてあまりにも有名である。城は
城山ダムの西上、宝ヶ峰に位置する。山頂に飯綱神社がある。初めてここ
に城を構えたのは鎌倉時代のこと、筑井（津久井）太郎義胤が築いたとい
われる。津久井城が史上に現れるのは、戦国時代になってからである。北
条氏が小田原にいて津久井の西側の地は武田信玄の勢力圏と北条氏の接点
にあたり、城主は北条氏の重臣内藤景正であった。永禄12（1569）年の信
玄相州攻めには加藤丹後守がこの城を攻めている。天正18（1590）年の小
田原の役には徳川勢の平岩親吉らにより開城。なお、北条氏はこの地の豪
族たちを「津久井衆」と称する軍団に組織した。

小机城 （こづくえ）　別名 飯田城、根古谷城　所在 横浜市港北区小机町　遺構 土塁、空堀、土橋

　この城は戦国時代の面影をよく伝えるところから、関東地方の中世城郭
研究上、貴重なものとなっている。小机の地は多摩川以南の南武蔵の拠点
であった。古くは佐々木高綱があって小机郷一帯の開発をなし、上杉禅秀
の乱に至って戦場となった。文明5（1473）年の長尾景春の乱にあたり、小
机の存在が大きくなった。当時、扇谷上杉家にあった太田道灌は景春の一
党の拠点である石神井・練馬・小磯・小沢の各城を攻め落とし、翌6（1474）
年に至り、矢野兵庫、小机昌安の籠る小机城を包囲するに及んだ。この折、
道灌は珍しく長陣をなした。小机城の堅固さは道灌を前に2か月間の籠城

戦をし、道灌は城の南東「亀の甲山」に陣城を構え、これに対した。

　小田原に北条氏があってから、小机城主には北条氏堯がなった。これは江戸城から北にかけての戦略拠点が小机に置かれたことを示す。氏堯は笠原信為に城代を命じ、以後小田原落城まで笠原氏が城代を務めた。同時に北条氏は「小机衆」と呼ばれる地元の武士たちを組織して、横浜市北部から川崎市地域を治めた。

戦国大名

神奈川県の戦国史

　相模守護をつとめていた上杉氏は、山内家・扇谷家・犬懸家の3家に分裂。応永23年（1416）に上杉禅秀の乱で犬懸家が失脚すると、以後は山内家が関東管領を独占した。越後上杉家から山内家を継いだ憲実は、将軍位を目指した鎌倉公方足利持氏と対立、結局幕府の介入で持氏は自害した（永享の乱）。

　一方、扇谷上杉氏は家宰の太田道灌に江戸・岩付・河越の3城を築かせるなど武蔵国に大きな勢力を保ったが、文明18年（1486）定正は太田道灌を謀殺、これを機に山内家との激しい戦いが続いた（長享の大乱）。

　明応3年（1494）に定正が山内家の上杉顕定と対陣中に死去すると、跡を継いだ甥の朝良は永正元年（1504）伊勢宗瑞（北条早雲）と結んで顕定を攻めたが失敗した。その後、早雲は扇谷上杉氏の重臣大森藤頼を破って相模国に進出し、小田原城主となると、永正9年（1512）には鎌倉に入っている。

　この間、鎌倉公方足利持氏の滅亡で勢力を得た三浦時高は養子の義同と不和となり、明応3年（1494）義同が新井城の時高を討って三浦氏を継ぎ、新井城には子義意を入れて自らは岡崎城に拠った。しかし、同13年義同は早雲に敗れて滅亡、早雲は相模の大半を統一した。

　跡を継いだ氏綱は北条氏と改称。小田原を本拠として相模国を統一すると、さらに武蔵国に進出した。3代氏康は、天文15年（1546）の河越夜戦で扇谷上杉朝定を敗死させ、山内上杉憲政を越後に追って北関東まで支配、関東平野の大半を支配する大大名に発展した。

　しかし、天正18年（1590）4代氏政のときに豊臣秀吉に敗れて氏照とともに自刃。子氏直は高野山に追放されて翌年死去し、嫡流は滅亡した。代わって徳川家康が関東に入国、江戸を本拠として関東8カ国250万石の領主となった。

主な戦国大名・国衆

上杉氏 _{うえすぎ}　関東管領扇谷上杉氏。上杉顕定が朝定の養子となって相模国に移り、鎌倉の扇谷（鎌倉市扇ヶ谷）に住んで扇谷上杉氏となったのが祖。永享の乱後、持朝は相模守護となり、さらに長禄元年（1457）には家宰の太田道灌に江戸・岩付・河越の3城を築かせている。文明18年（1486）定正は太田道灌を謀殺、これを機に山内家との激しい戦いが続き（長享の大乱）、明応3年（1494）定正は山内家の上杉顕定と対陣中に死去した。跡を継いだ甥の朝良は永正元年（1504）北条早雲と結んで顕定を攻めたが失敗。同9年には早雲が鎌倉に入り、同13年には三浦氏を滅ぼして相模を平定している。朝良の跡は藤王丸が継いだが、実権を握った朝興は天文元年（1532）に藤王丸を殺害。しかし、朝興も同6年に死去、跡を継いだ朝定は同年北条氏綱に敗れ河越城から逃れた。同15年上杉憲政とともに河越城奪還を試みたものの、北条綱成・氏康に敗れて討死し、滅亡した。

笠原氏 _{かさはら}　武蔵国都筑郡の国衆。北条氏に属し、信為は小机城（横浜市港北区小机町）の城代をつとめた。北条氏重臣の松田憲秀の長男政堯が康勝の養子となって笠原氏を継ぎ、伊豆戸倉城主となったが、天正9年（1581）武田勝頼に内応して康勝の実子照重を討っている。翌年武田氏が滅亡すると北条氏政のもとに戻ったが、同18年の豊臣秀吉の小田原攻めでは父松田憲秀とともに秀吉に内応。弟秀治の密告で発覚し殺されている。

賀茂宮氏 _{かものみや}　相模国足柄郡の国衆。藤原南家相良氏の一族という。初め三河国高橋荘を領して高橋氏を称し、藤広のときに北条氏綱に仕えて相模国足柄郡賀茂宮郷（小田原市鴨宮）を与えられ、以後賀茂宮氏を称した。代々北条氏に仕え、直勝は北条氏政、その子直重は北条氏輝に仕えた。直重は北条氏滅亡後徳川家康に仕え、江戸時代は旗本となった。

篠窪氏 _{しのくぼ}　相模国足柄郡の国衆。篠窪（足柄上郡大井町）を本拠とし、藤原南家二階堂氏の末裔と伝える。室町時代は扇谷上杉氏に従い、長享の乱で活躍した篠窪三郎左衛門尉が知られる。戦国時代は北条氏に従い小田原衆

に属していた。永禄年間（1558〜70）の篠窪民部丞や、天文年間の篠窪修理亮、篠窪遠江守らの名が知られる。

内藤氏〔ないとう〕　相模国津久井郡の国衆。出自不詳。津久井城（相模原市緑区城山）城主。朝行は津久井衆を率いて扇谷上杉氏に属していたが、天文年間頃に北条氏に転じた。以後、子康行、孫綱秀と代々北条氏に仕え、天正18年（1590）の豊臣秀吉の小田原攻めでは綱秀が津久井城、家督を譲った直行は小田原城に籠城した。この他、細野城（愛甲郡愛川町半原）城主の内藤定行、田代城（愛川町田代）城主の内藤秀勝・秀行父子などの一族がいた。

北条氏〔ほうじょう〕　相模の戦国大名。従来は出自不詳といわれたが、現在では室町幕府の有力御家人だった伊勢氏の分家で備中伊勢氏の一族とみられている。盛定は伊勢氏本宗の室町幕府政所頭人伊勢貞国の婿となって奉公衆をつとめ、駿河今川氏の取次だったことから、娘の北川殿が今川義忠に嫁いだ。北川殿の弟の盛時（新九郎）は将軍足利義尚の申次衆となったのち、北川殿の縁で駿河国に下向。そして、文明8年（1476）今川義忠が不慮の死をとげて内訌状態となった際に、当主は氏親として、元服するまでは小鹿範満が家督を代行することで収めて今川家に勢力を築いた。長享元年（1487）には今川家の家督を返さない小鹿範満を討って実力で氏親を名実ともに当主の座につけ、その功で今川氏一門に列した。明応2年（1493）には今川氏の後ろ盾を得て伊豆国に侵攻。やがて今川氏から独立して興国寺城主となり、堀越公方足利茶々丸を討って伊豆国を制圧、戦国大名となった。この間、大森藤頼を破って相模国に進出して小田原城主となり、永正13年（1516）には岡崎城の三浦義同を滅ぼして相模の大半を統一した。2代氏綱は武蔵国に進出、大永4年（1524）江戸城を落とし、天文7年（1538）には下総国府台で里見義堯を破っている。なお、初代早雲は生涯伊勢氏を名乗っており、氏綱のときから北条氏を称するようになった。3代氏康は、天文15年（1546）の川越夜戦で扇谷上杉朝定を敗死させ、山内上杉憲政を越後に追って北関東を支配した。氏康には15人の子がおり、氏照を大石氏、氏邦を藤田氏、氏忠を佐野氏の養子として継がせた他、氏規を韮山城主、氏堯を小机城主とするなど、一族を領国内各地に配置して一族による支配を強化した。天正18年（1590）4代氏政のときに豊臣秀吉に敗れて氏照と

ともに自刃。子氏直は高野山に追放されて翌年死去し嫡流は滅亡した。

松田氏　相模国足柄郡の国衆。藤原北家秀郷流。波多野遠義の子義通が
足柄郡松田郷（足柄上郡松田町）を本拠として松田氏を称した。源平合戦
の際、平氏方に与したため一時所領を没収されたが、のちに回復、鎌倉時
代中期には一族が備前国に西遷している。嫡流は室町時代まで同地を中心
に足柄地域に勢力を持った。室町時代には幕府の引付衆となり、康暦年間
以降、貞秀は評定衆に列した。応仁の乱以降も、数秀・長秀・清秀・晴秀
らが政所執事代となるなど、戦国時代まで幕府官僚として活躍した。戦国
時代、北条早雲の相模進出に伴って北条氏に属し、やがて家臣化した。な
お、北条氏重臣の松田氏は同族だが、備前松田氏の一族で、備前伊勢氏出
身の北条早雲に従って伊豆から相模入りしたものである。

三浦氏　相模国三浦郡の戦国大名。桓武平氏。村岡忠通の子為通が前九
年の役で活躍して相模国三浦郡三浦荘（横須賀市）を与えられ、衣笠城に
拠って三浦氏を称したのが祖という。在庁官人として嫡流は「三浦介」ま
たは「三浦大介」と称した。源頼朝が伊豆で挙兵すると、義明・義澄父子
はこれに従い、義明は衣笠城で討死。義澄は鎌倉幕府の成立後は相模国守
護となって幕府の宿老として活躍した。以後、一族で河内・紀伊・讃岐・
土佐の守護をつとめる他、義村・泰村・光村は評定衆、和田義盛は侍所別
当となるなど、全盛期を築いた。しかし、宝治元年（1247）に北条時頼の
策謀で宝治合戦を起こして、一族はほぼ滅亡した。室町時代は鎌倉公方に
仕え、永享10年（1438）永享の乱で時高は足利持氏を自殺に追い込んで勢
力を得た。時高は上杉持朝の二男高救を養子としたが、のちに高救が上杉
家に戻ったことから、その子義同を養子とした。その後、時高に実子が生
まれたことから不和となり、明応3年（1494）義同は新井城の時高を討って
三浦氏を継ぎ、新井城には子義意を入れて自らは岡崎城に拠った。永正9
年（1512）伊豆から侵入してきた北条早雲に敗れて岡崎城が落城、同13年
には新井城も落城し、義同・義意父子はともに討死した。義意の弟の時綱
は里見氏を頼って安房に逃れ、重臣正木義時の養子となり、子孫は紀伊藩
家老となっている。

名門 / 名家

◎中世の名族

三浦氏
<ruby>三浦<rt>みうら</rt></ruby>氏

　　　　　相模国の戦国大名。相模国三浦郡三浦荘（横須賀市）発祥で桓武平氏。為通が前九年の役で活躍して三浦郡を与えられ、衣笠城に拠ったのが祖という。以後代々清和源氏に属し、在庁官人として嫡流は「三浦大介」と称した。

　平治の乱では義明の嫡男義澄が源義朝方について敗北。1180（治承4）年に源頼朝が伊豆で挙兵すると、義明・義澄父子はこれに従い、義明は衣笠城で討死した。義澄は頼朝に従って安房に逃れ、鎌倉幕府の成立後は相模国守護となって幕府の宿老として活躍した。以後、一族で河内・紀伊・讃岐・土佐の守護をつとめる他、義村・泰村・光村は評定衆、和田義盛は侍所別当となるなど、全盛期を築いた。しかし、1247（宝治元）年に北条時頼の策謀で宝治合戦を起こして、一族はほぼ滅亡した。

　この際、一族の佐原盛連の子は、北条泰時と縁戚関係にあったことから北条方に参加、乱後盛時が本家を次いで三浦介を継承した。しかし、以後相模国には守護が設置されず、勢力の回復はできなかった。

　室町時代は鎌倉公方に仕え、1438（永享10）年永享の乱で時高は足利持氏を自殺に追い込んで勢力を得た。時高は上杉持朝の二男高救を養子としたが、後に高救が上杉家に戻ったことから、その子義同を養子とした。その後、時高に実子が生まれたことから不和となり、94（明応3）年義同は新井城に時高を討って三浦氏を継ぎ、新井城には子義意を入れてみずからは岡崎城に拠った。1512（永正9）年伊豆から侵入してきた北条早雲に敗れて岡崎城が落城、義意と共に新井城に籠城したが、16（同13）年落城し、義同・義意父子は共に討死した。

　義意の弟の時綱は里見氏を頼って安房に逃れ、重臣正木義時の養子とな

り、子孫は紀伊藩家老となっている。

◎近世以降の名家

池上家 いけがみ
武蔵国荏原郡池上（大田区池上）発祥。藤原姓といわれる。鎌倉時代の宗仲は、宗長と共に日蓮に帰依したことで知られ、日蓮は同家邸で没している。同家の館の背後の山に建立されたのが、日蓮宗大本山の池上本門寺である。

江戸時代、21代幸広の時に武蔵国橘樹郡大師河原村（川崎市）を開発、名主として移り住んだ。24代幸豊は1759（宝暦9）年池上新田（川崎区池上新町）を開発した。維新後、幸操は1879（明治12）年に神奈川県議となっている。川崎市川崎区大師駅前の同家の墓所「池言坊」には一門の墓塔が並んでいる。

今福家 いまふく
相模国高座郡中新田村（海老名市）の旧家。甲斐今福氏の末裔と伝える。代々名主をつとめる傍ら、大坂屋と号して酒類販売・綿織物・薬種・質屋などを営んでいる。幕末には佐倉藩主堀田家との関わりを持ち、1868（慶応4）年武助は藩士に登用された。維新後、武助の子元顕は自由民権運動家として活躍している。同家の屋敷跡は「今福薬医門公園」となっている。

外郎家 ういろう
小田原城下（小田原市）の旧家。中国の元朝から渡来した陳宗敬が祖で、子孫が外郎を家名とした。代々医家で、丸薬をつくっており、1504（永正元）年北条早雲の招きで小田原に転じ、以後外郎は小田原名物となった。江戸時代は名字帯刀を許されている。

大久保家 おおくぼ
小田原藩主。下野国那須郡大久保（栃木県大田原市大久保）発祥で宇都宮氏の一族。南北朝時代に泰藤が三河国に来住したのが祖という。忠世は徳川家康に従い、1590（天正18）年の関東入国の際に小田原城主として4万5000石を与えられた。

関ヶ原合戦後も引き続き小田原藩6万5000石の藩主となり、1605（慶長10）年に秀忠が2代将軍に就任すると老中となって大きな権力を持った。

しかし、本多正信との確執から14（同19）年讒訴によっていったん改易となった。

その後、忠職が武蔵私市藩2万石で再興し、32（寛永9）年美濃加納5万石、39（同16）年播磨明石7万石を経て、49（慶安2）年肥前唐津8万3000石に入封した。さらに忠朝は77（延宝5）年老中となって、翌年下総佐倉8万3000石に転じ、86（貞享3）年小田原10万3000石に戻った。

幕末、忠礼は幕府から箱根関所の守備を命じられたが、新政府軍が到着すると箱根関所を明け渡して合流している。しかし、幕府の遊撃隊に攻撃されると佐幕に転じ、その後再び勤王に戻るなど揺れ動き、1868（慶応4）年3万8000石を削られ、7万5000石となった。84（明治17）年忠礼は子爵となる。

大久保家
（おおくぼ）

荻野山中藩（厚木市）藩主。小田原藩主大久保忠朝の二男教寛が、1698（元禄11）年に6000石を分知されたのが祖。1706（宝永3）年西の丸若年寄となって5000石を加増されて諸侯に列し、駿河松長藩を立藩。09（同6）年には本丸若年寄となって、18（享保3）年相模国で5000石を加増された。83（天明3）年教翅の時に相模国愛甲郡荻野（厚木市）に陣屋を構えて、荻野山中藩1万3000石となる。1867（慶応3）年水戸浪士鯉淵四郎らによって陣屋が襲撃を受けている。84（明治17）年教正の時子爵となり、その子教尚は貴族院議員をつとめた。

大伴家
（おおとも）

鎌倉の鶴岡八幡宮神主。1186（文治2）年清元が源頼朝から神職を命じられ、以後代々神主をつとめた。

鶴岡八幡宮は創建時から八幡宮寺という神仏習合で、大伴家の墓所は浄光明寺にあり、笏型で鳥居がついた神道墓碑である。

岡家
（おか）

武蔵国橘樹郡久本村（川崎市高津区久本）の医家。江戸時代中期、長崎で医術を学んだ緒方東栄が諸国を遍歴した後に武蔵国久本で岡栄寿堂を開業したのが祖。2代道栄・3代玄栄・4代道栄・5代道栄と代々医師として活躍した。明治維新後、6代重孝は医師の傍ら高津村長となり、自由民権運動にも参加。同家の薬医門は薬医門公園として残っている。

加藤家 （かとう）

伊勢原市の茶加藤総創業家。武田信玄の家臣加藤丹後守景忠の末裔と伝える。武田氏滅亡の際に景忠は討死、その子助之進が相模国に逃れ、その子の時に伊勢原村（県伊勢原市）に移り住んだという。1728（享保13）年初代宗兵衛が茶加藤を創業。1948（昭和23）年株式会社に改組した。現在は10代目。

苅部家 （かるべ）

東海道保土ヶ谷宿（横浜市保土ヶ谷区）の旧家。戦国時代に北条氏の下で武蔵鉢形城の城代家老をつとめていた苅部豊前守康則が祖。豊臣秀吉の小田原攻めで、康則の子吉里は討死。その孫の清兵衛の時に幕府から保土ヶ谷宿の本陣・問屋・名主を命ぜられた。以後清兵衛を称し、代々三役を世襲した。6代目清兵衛は紀伊國屋文左衛門の二男を婿に迎えている。1788（天明8）年8代目清兵衛の時に名字帯刀を許され、幕末の10代目清兵衛は開港した横浜町の初代総年寄となった。1868（明治元）年の明治天皇行幸の際に軽部に改称している。

小西家 （こにし）

小田原城下中宿町（小田原市）の豪商。代々次郎左衛門を称した。小田原藩御用達で、1719（享保4）年4代目勝房の時に小田原宿の町年寄となった。幕末、10代目直哉は町年寄・大名主代など45年間にわたって町政の要職をつとめ、藩から名字帯刀も許された。

清水家 （しみず）

東海道小田原宿（小田原市）本陣。元は小田原北条氏の家臣だった清水正令の弟正豊の末裔。正豊の長男正房が、諸国を放浪の後に1608（慶長13）年小田原城下に戻って宮の前（本町）で大清水と号して旅籠を開業したのが祖。2代目正熙以降、代々本陣をつとめる。13代目正意の三男澄三郎は鈴木家の養子となり、蒲鉾の鈴廣を発展させた人物として知られる。

鈴木家 （すずき）

武蔵国橘樹郡長尾村（川崎市多摩区長尾・宮前区神木）の豪農・豪商。元は長岡氏だったが、戦国時代に小田原北条氏の家臣鈴木安太左衛門を婿として、以後鈴木氏を称したという。豪農の傍ら質屋を営業、久留米藩主有馬家に大名貸をする一方、長岡屋と称して江戸に店を構え、穀物・炭・紅花などを扱った。

幕末に石塚家から養子となって継いだ21代久弥（房政）は、1879（明治12）年に神奈川県議に当選、自由民権運動家として活躍、また私財を投じて鈴木学舎（現在の向丘小学校）を創設して子弟の教育にも当たった。

鈴木家
すずき

　蒲鉾で知られる鈴廣の創業家。江戸時代は、相模国小田原城下代官町で村田屋と号して網元・魚商をつとめていた。1865（慶応元）年4代目の権右衛門が副業として蒲鉾製造に着手した。87（明治20）年頃、6代目広吉（廣吉）は住居兼店舗を千度小路（本町）に移し、みずからの名前を取って「鈴廣」と号して蒲鉾専業に転じ、旧本陣の清水家から継いだ7代目の澄三郎が大きく発展させた。現在の博晶は10代目に当たる。

関口家
せきぐち

　武蔵国橘樹郡生麦村（横浜市）の旧家。同村の草分で、戦国時代に子安郷を支配した北条氏の被官関口外記の末裔と伝える。

　宝暦年間（1751〜64）に初代藤右衛門（藤助）が分家して漢方医・質屋を営み、2代藤右衛門（藤五郎）は生麦村の名主となり、東海道筋を代表する文化人でもあった。以後代々名主を世襲、高利貸しも経営していた。3代目の東作は漢学者として知られた。明治時代、5代目昭知は神奈川県議をつとめている。初代藤右衛門の1762（宝暦12）年から1901（明治34）年に及ぶ「関口日記」は農村史の重要な史料として知られる。

福住家
ふくずみ

　相模国足柄下郡湯本村（箱根町）の旧家。1625（寛永2）年創業の萬翠楼福住の創業家。湯本温泉で温泉宿を経営する傍ら、代々湯本村の名主をつとめた。

　幕末、9代目の時に火災を起こして出奔、大住郡片岡村の名主大沢家から養子となって10代目を継いだ正兄は福住家を再興しただけでなく、湯本村の村政立て直しにも成功し、小田原藩から名字帯刀も許されている。現在の当主は16代目である。同家旧館は国の登録有形文化財である。

福原家
ふくはら

　相模国鎌倉郡峯渡内村（藤沢市）の旧家。桓武平氏三浦氏一族の佐原為連の子が母方の福原家を継いだのが祖と伝える。1416（応永23）年渡内村に転じ、戦国時代には北条氏家臣の間宮氏に仕えていた。江戸時代には代々渡内村の名主をつとめた。江戸時代中期の福原高峯は相模国の

地誌「相中留恩記略」を編纂したことで知られる。後に名字帯刀を許された。同家長屋門は藤沢市指定重要文化財で、新林公園に移築されて公開されている。

堀内家
ほりうち

東海道藤沢宿（藤沢市）の旧家。清和源氏小笠原氏の庶流。豊後国国東郡安岐郷（大分県杵築市・国東市）に住み、正行の時に遠江国城飼郡堀ノ内（静岡県菊川市）に移って堀内氏と改称し、堀内城に拠った。親基は福島正成に従って、1521（大永元）年飯田河原で武田信虎と戦って戦死した。子親重は小田原に逃れて北条氏に仕え、後藤沢に移った。江戸時代は町人となったが、一族から多くの文人を輩出したことで知られる。

森家
もり

相模国鎌倉郡大鋸町（藤沢市大鋸）の旧家。大鋸で丸太から板を切り出す大鋸引の棟梁家。室町時代中期頃に遊行寺門前に移り住んだとみられ、以後代々遊行寺に属して造営や修造に当たった。戦国時代、4代正次は北条早雲に仕え、五代木工助も玉縄城の築城などに参加している。江戸時代は大鋸町の名主や藤沢宿の触口役などをつとめた。

吉田家
よしだ

横浜の旧家。摂津国能勢郡倉垣村（大阪府能勢町）の出の吉田勘兵衛良信が江戸で木材・石材業を営んだ後、横浜の関内から南吉田町にかけて広がっていた入海を干拓して1038石余りの吉田新田を開いたのが祖。当初は協力した町人にも分割したが、後に全てを吉田家が買い集めた。代々勘兵衛を称する本家と、勘助を称する南吉田家の二家があった。

米倉家
よねくら

武蔵六浦藩（横浜市）藩主。清和源氏武田氏の一族。源清光の子奈胡義行の子孫で、代々武田氏に従って甲斐国巨摩郡武川（山梨県北杜市）に住んだ。

武田氏滅亡後、忠継は徳川家康に仕え、子信継が1250石の旗本となったのが祖。嫡流はその後断絶したが、徳川綱吉に仕えた米倉昌尹は若年寄に進み、1699（元禄12）年下野皆川藩1万5000石に入封して諸侯に列した。1798（寛政10）年昌由の時、武蔵六浦1万2000石に転封。1884（明治17）年昌言の時に子爵となる。

博物館

横浜市立よこはま動物園ズーラシア
〈オカピ〉

地域の特色

神奈川県は関東平野の南西部に位置する。北は首都東京都に接し、東は東京湾に、南は相模湾にそれぞれ面し、西は山梨、静岡の両県に隣接している。県の地形は、西部の箱根と丹沢山塊などの山地、中央の相模川が形成する平野と台地、東部の丘陵と沿岸部の三つに分けられる。太平洋の黒潮の影響を受けているため、温暖で雨量の多い太平洋側気候となっている。富士箱根伊豆国立公園の一角を成している箱根や湯河原の温泉地帯など自然に恵まれ、中世源頼朝によって開かれた都・鎌倉や、江戸時代の小田原など歴史文化遺産も多く、首都郊外の一大観光資源となっている。

都市として多様なミュージアムが集積する横浜市以外にも、県内各地に個性的な博物館が多い。横須賀市自然・人文博物館、平塚市博物館、相模原市博物館など地域に根ざした先駆的活動で国内の博物館をリードしている館も目立つ。動物園水族館においても、よこはま動物園ズーラシアや新江ノ島水族館などの地球環境を視野に入れた先進的活動が注目されている。神奈川県博物館協会は、1955（昭和30）年に発足し現在100館を超える館園が加盟し活発な活動を行っている。

なお、1988（昭和63）年に開館した総合博物館・川崎市市民ミュージアムは、2019年の令和元年東日本台風によって収蔵庫が浸水するなど壊滅的被害を受けたため取り壊して再建されることになっている（2021（令和3）年10月現在）。

主な博物館

神奈川県立生命の星・地球博物館 小田原市入生田

横浜市内にあった神奈川県立博物館から自然史部門が独立し1995（平成7）年に現在地に建設された。地球と生命・自然と人間がともに生きること

をテーマに活動する自然史系の博物館である。常設展示は「地球を考える」「生命を考える」「神奈川の自然を考える」「自然との共生を考える」の四つのテーマで構成され、46億年にわたる地球の歴史と生命の多様な営みが1万点に上る実物標本を中心に展示される。神奈川に関しては、大地の生い立ちや相模湾の多様な生き物、富士箱根・伊豆などに特徴的に分布する生物などが紹介されている。地球規模で課題となっている「自然との共生」や「環境」を考えるコーナーでは地球規模で取り組む課題を共有できる。学芸員が中心となって行われる室内実習や野外観察会など、さまざまな対象に向けて学びをサポートし、自然に親しみ楽しめる講座も充実している。

神奈川県立歴史博物館　横浜市中区南仲通

　総合系博物館であった神奈川県立博物館の人文系部門を母体に1995（平成7）年に開館。建物のうち旧館は1904（明治37）年に建てられた旧横浜正金銀行の本店を活用した。ネオ・バロック様式をもつ外観は建築当初の姿をとどめており、69（昭和44）年には国の重要文化財に指定された。常設展示は神奈川の歴史を「さがみの古代に生きた人びと」「都市鎌倉と中世びと」「近世の街道と庶民文化」「横浜開港と近代化」「現代の神奈川と伝統文化」という五つの区分に分け、さまざまな歴史的視点で展開される。常設展示室における学芸員お薦めの資料をギャラリートークで親しく解説する「今月の逸品」という企画がユニークである。これはWebサイト上に文字と写真画像で同時に掲載され、来館できない人にも楽しめるものである。

新江ノ島水族館　藤沢市片瀬海岸

　前身の「江の島水族館」は、1954（昭和29）年に映画会社の一つである日活の堀久作社長がオーナーになり開館した。当時からクラゲの飼育、57（昭和32）年には陸上の水槽で初めて本格的なイルカショーを実施するマリンランドを整備するなど、国内有数の水族館であった。その後、施設の老朽化などに伴い、旧館を引き継ぐかたちで2004（平成16）年に現在の館がオープンした。新施設では、相模湾大水槽での魚の群泳、海洋研究開発機構の協力を得た深海生物の展示や、クラゲの展示の充実、皇室一家の海洋生物研究の紹介、イルカショースタジアムなどが整備された。さらに、渚の体験学習館を併設するなど、海洋生物の調査研究や教育普及活動では日本の

水族館の最先端でもある。日本の水族館の歴史を語る上で欠かせない存在である。

相模原市立博物館　相模原市中央区高根

相模原の自然や歴史・文化を扱う総合博物館である。博物館には、「川と台地と人々のくらし」「宇宙とつながる」をテーマにした自然・歴史展示室と天文展示室のほか、210席のプラネタリウムを備えている。近接する宇宙航空研究開発機構（JAXA）との連携を図りながら行われる宇宙に対する教育普及事業が特色である。市民が気軽に専門的な学習課題に取り組めるように市民研究室と天文研究室があり、関係図書などが置かれスタッフも支援体制を整えている。活動を支えるボランティアなどの市民活動が盛んで、収集されている資料の整理などを学芸員と共に行っている。市民による自主的な調査研究活動が活発で、その結果は「学びの収穫祭」という催事で広く発表され、地域資源データとして博物館に蓄積されている。

平塚市博物館　平塚市浅間町

「相模川流域の自然と文化」をテーマとする総合博物館で、1976（昭和51）年に建設された。市民と共に行う活発な調査活動が注目されている。平塚を中心とした相模川流域をフィールドとして捉え、地域資源を再発見する場としてさまざまな分野で活動が展開されている。1階は「相模平野と人間」というテーマで自然と歴史について概要が紹介され、2階では地域を特徴付ける19のアイテムが実物資料を中心に展示され、地域を知り探る場となっている。3階は「星のひろば」として天文・宇宙に関する展示とプラネタリウムがある。サークル活動など会員制の自主活動が活発で、調査収集の面でも大きな成果を上げている。博物館の地域資料の充実した調査内容は、HP上の「博物館アーカイブ」を通しても知ることができる。

横浜市立よこはま動物園ズーラシア　横浜市旭区上白根町

ズーラシアの愛称は、動物園と広大な自然をイメージしたユーラシアからの造語で市民公募された。約53.3ヘクタールの広大な敷地を、動物の生息地の気候帯・地域別で八つに分け、特有の植物や形態の似た植物を植え、山、谷、平原など複雑な地形で環境を再現している。動物と来園者を区切

る柵はなく、動物の身体能力を考慮したモートと呼ばれる溝を掘るなど、動物の生息地を自然な雰囲気で体感できる。1999（平成11）年に横浜動物の森公園内に開園。世界三大珍獣の一つであるオカピを国内初展示し、以来、数年単位で飼育ゾーンの拡張を続けている。敷地内の非公開施設の横浜市繁殖センターでは絶滅寸前の動物を保護し繁殖に取り組んでいる。なお、市内の動物園にはこのほか野毛山動物園、金沢動物園がある。

横須賀市自然・人文博物館　横須賀市深田台

　地域に根ざし市民とともに活動する博物館の先駆的存在として広く知られている。三浦半島の自然と人文を広く紹介する博物館。自然博物館では、横須賀市内で見つかったナウマンゾウの化石が目を引く。ナウマンゾウの名前の由来となったナウマンによって研究された歴史的な標本である。人文博物館では、幕末日本の開国に大きな影響を与えたペリー来航に関する資料などが特徴的である。

神奈川県立神奈川近代文学館　横浜市中区山手町

　神奈川県が1984（昭和59）年に設立した日本近代文学専門のミュージアムで、港の見える丘公園の一画に立つ。夏目漱石、芥川龍之介、谷崎潤一郎、川端康成など神奈川ゆかりの文学者の原稿、書簡、創作ノートなどの貴重な資料を収集しその一部を常設展で紹介する。その他、詩歌、俳句や児童文学、大衆文学などテーマごとの展覧会を通して彼らの足跡と作品を伝えている。講演会、朗読会などのイベントも活発に行われる。

日本新聞博物館（ニュースパーク）　横浜市中区日本大通

　日本における日刊新聞発祥の地・横浜にある新聞と情報のミュージアム。展示室では、江戸時代からの新聞の歴史、確かな情報の大切さと新聞の役割を知ることができる。新聞記者になって取材体験ができるゲーム「横浜タイムトラベル」や、パソコンを使ってできる自分だけの写真入りオリジナル新聞づくりなど、楽しい体験プログラムも用意されている。

三溪園　横浜市中区本牧三之谷

　生糸貿易により財を成した岐阜県出身の実業家で茶人の原三溪によって

つくられた日本庭園で、1906（明治39）年に公開された。2007（平成19）年には国の名勝に指定された。17.5ヘクタールの広大な敷地には京都や鎌倉などから移築された歴史的に価値の高い建築物17棟（うち、国重要文化財10棟）が巧みに配置されている。園内の三溪記念館では、原三溪に関する資料のほか、三溪が収集した数多くの美術品などが展示されている。

箱根ジオミュージアム　足柄下郡箱根町仙石原

　40万年に及ぶ火山の歴史をもち、さまざまな岩石や火山地形を有する神奈川県西部の箱根火山地帯は日本ジオパークに認定されている。美しい景観と豊かな自然、多様な泉質の温泉に恵まれた国際観光地でもある。そのジオパークの拠点施設として2014（平成26）年、大涌谷にミュージアムはオープンした。大涌谷をはじめとする箱根の火山や温泉の仕組みなどを知り大自然の魅力を感じることができる。

横浜開港資料館　横浜市中区日本大通

　横浜開港百年を記念して編さんされた『横浜市史』の収集資料を基礎に、1981（昭和56）年に開館した。この地は1854（安政元）年日米和親条約が締結された場所である。以後日本を代表する貿易都市になっていった横浜の歴史を明らかにする博物館で、関係資料を収集して展示するとともに、閲覧室で広く市民や研究者に資料を公開する活動を行っている。

海外移住資料館　横浜市中区新港

　国際協力機関であるJICA（独立行政法人国際協力機構）は、現在まで中南米の日系社会と日本をつなぐ事業を継続しており、2002（平成14）年のJICA横浜センター設立とともに移住をテーマとする資料館を開館した。展示室では150年以上の日本人の海外移住の歴史、移住者が果たした役割や貢献、移住者と日系人の現在の姿が紹介されている。

鎌倉文学館　鎌倉市長谷

　1936（昭和11）年、旧加賀藩前田家により相模湾を見下ろす場所に建築された別邸を、鎌倉市が譲り受け、鎌倉文学館として1985（昭和60）年に開館した。明治以降、鎌倉の地には数多くの文学者が訪れ活動の拠点にし

「鎌倉文士」とも呼ばれた。格調と気品あふれる建物の中では、日本の近代文芸史に大きな足跡を残した鎌倉ゆかりの文学者が紹介されている。

川崎市立日本民家園　川崎市多摩区枡形

　時代の変化に伴い消えつつある古民家を永く将来に残すことを目的に、1967（昭和42）年に開園した野外博物館である。園内には川崎市内をはじめ日本各地の代表的な民家、水車小屋、船頭小屋、高倉、歌舞伎舞台など25件の建物が移築整備されており、全てが国・県・市の文化財指定を受けている。合わせて民家に関する民俗資料なども数多く収蔵している。

神奈川県立金沢文庫　横浜市金沢区金沢町

　金沢文庫とは鎌倉時代の中頃に北条実時が邸宅内につくった武家の文庫である。1930（昭和5）年に神奈川県の施設として復興され、90（平成2）年に再整備されて日本の中世を伝える歴史博物館として活動を行っている。平安時代に書写された国宝の『文選集注』をはじめ、蔵書の内容は政治・文学・歴史など多岐にわたり、展覧会も多く開催されている。

真鶴町立遠藤貝類博物館　足柄下郡真鶴町真鶴

　真鶴町に生まれた貝類研究家遠藤晴雄（1915〜2006）から寄贈を受けた約5万点のコレクションを広く活用する場として2010（平成22）年、真鶴町が観光施設「ケープ真鶴」2階に開設した。館内では、希少なオキナエビスガイをはじめ、約1,800種5千点の標本が展示されている。また、「海の学校」を併設し真鶴の海と自然を楽しく学ぶことができる。

横浜・八景島シーパラダイス　横浜市金沢区八景島

　横浜市が造成した人工島に西武系の事業者を中心に総合レジャー施設が整備され、同館はこの中のメイン施設として1993（平成5）年にオープンした。極地の生物や魚類、イルカショーなどで構成された「アクアミュージアム」、トンネル型のイルカ展示水槽「ドルフィン ファンタジー」、アシカ類などの動物で構成された「ふれあいラグーン」などで構成される。

横浜市歴史博物館　横浜市都筑区中川中央

　原始から開港期までを中心とする約3万年の市域の歴史を扱う博物館で1995（平成7）年に開館した。博物館に隣接して「大塚・歳勝土遺跡」があり、国の史跡として復元整備されている。弥生時代の貴重な遺跡であり、博物館の野外施設として館内の展示と連携した活用が行われている。

馬の博物館　横浜市中区根岸台

　1860年代に横浜で始まった近代洋式競馬発祥を記念して整備された根岸競馬記念公苑に、1977（昭和52）年に日本中央競馬会により開設された博物館。館内では、馬と人間の関わり合いや競馬競走の成り立ちなどの馬事文化を収蔵資料で多面的に紹介している。

東芝未来科学館　川崎市幸区堀川町

　「人と科学のふれあい」をテーマに、新しい技術がつくる未来を体感できる科学館。館内は、さまざまな先進技術で人々の暮らしを変えてきた株式会社東芝の歩みを振り返るヒストリーゾーン、東芝が目指すスマートコミュニティの未来にふれることができる展示ゾーンなどがある。

新横浜ラーメン博物館　横浜市港北区新横浜

　ビジネス街として発展し始めていた新横浜の活性化のために1994（平成6）年にオープンした。日本国内のみならず、世界各地のラーメン店が集結した世界初の「博物館」。ラーメンの歴史や豆知識にふれられるほか、昭和30年代の夕焼けの街並みの中でラーメンが味わえる。

電車とバスの博物館　川崎市宮前区宮崎

　駅の設備やバスの停留場などが再現され、渋谷駅、横浜駅を起点とする東急電鉄の旧型車両の実物を見ることができるほか、電車・バスの構造が分かる展示などがある。電車・バスの運転体験ができるシミュレーターに人気がある。

名　字

◆地域の特徴

　神奈川県は、県の大半の地域が東京のベッドタウン化しているため、ベスト10に登場する名字は順位こそ若干違うものの東京都と全く同じ。11位以下も40位までに独特の名字は全くない。

　42位の小沢は関東地方では最も高い順位だが、山梨県では17位。この他にも、志村が200位までに入っているなど、山梨県の影響は大きい。とくに県西部の旧家では、武田家が滅んだ際に甲斐から逃れてきて土着したと伝える家も多い。

　100位以内で他に神奈川県らしい名字としては55位の小泉くらい。小泉は東京では100位以下で神奈川県とは大きく順位が違っているが、小泉という名字のルーツは文字通り小さな泉で東日本に広く分布している。

　101位以下では柏木が特徴。全国的にみても、柏木が200位以内に入っているのは神奈川県と和歌山県だけで、県内では平塚市から湯河原町にかけての間に集中している。この名字は県境を越えて静岡県の富士宮市付近

名字ランキング（上位40位）

1	鈴木	11	山田	21	青木	31	林
2	佐藤	12	山本	22	石川	32	橋本
3	高橋	13	山口	23	松本	33	中島
4	渡辺	14	石井	24	山崎	34	内田
5	小林	15	吉田	25	森	35	原
6	田中	16	井上	26	遠藤	36	和田
7	加藤	17	佐々木	27	長谷川	37	小島
8	斎藤	18	金子	28	小川	38	杉山
9	中村	19	木村	29	阿部	39	近藤
10	伊藤	20	清水	30	池田	40	後藤

まで多く、戦国時代の伊豆の戦国大名葛山氏の家臣にも柏木氏がいたほか、江戸時代には浅間神社の神官にいたなど、伊豆から相模西部にかけて広がった名族の末裔である。

石渡も神奈川県の三浦半島付近に多い名字で、とくに横須賀市と逗子市に集中している。神奈川県以外では東京や千葉県にはある程度あるものの、その他の県では少ない。読み方には「いしわた」と「いしわたり」があり、県内では9割が「いしわた」と読むのに対し、他県では「いしわたり」の方が多い。

さらにその下の201位以下をみると、新倉が独特。新倉は全国の約55％が神奈川県にあるという独特の名字で、県内では横須賀市から平塚市の間に集中している。

清田は県内で読み方が分かれている。平塚市付近では「せいた」と読むのに対して、それ以外では「きよた」が多い。なお、全国的には8割が「きよた」である。

● 地域による違い

県全体の名字ランキングだけではなく、東京に近い市でも特徴はないが、都心から遠く、ベッドタウンとはなっていない地域では、地元本来の名字も多い。

とくに、小田原市から足柄上郡・下郡にかけての市町村では、各自治体によってそれぞれ地元の名字が集中している。この地域全体に多いのが露木、二見、瀬戸の3つ。瀬戸は山北町で最多となっているほか、露木は全国の過半数がこの地域にある。

この他、小田原市・開成町の府川、南足柄市の生沼（おいぬま）、湯河原町の力石（りきいし）、室伏、真鶴町の御守（おんもり）、松田町の鍵和田、渋谷、山北町の荻野、中戸川、箱根町の勝俣、中井町の城所（きどころ）、重田、曽我、大井町の夏苅などが特徴である。

また、現在では政令指定都市となった相模原市に吸収されてしまったが、旧津久井郡地区も独特の名字が多かった。旧相模湖町の江藤、榎本、旧藤野町の倉田、森久保、城山町の八木、旧津久井町の小野沢、菊地原、小室などがあり、このうち榎本と八木は旧相模湖町と旧城山町で最多となっていた。

● 横山党の名字

関東西部に広がっていた平安時代の武士団、武蔵七党のうち、横山党は

今の神奈川県域を中心に繁栄した。横山党は古代豪族小野氏の末裔で、本拠地は今の東京都八王子市元横山町。一族はここを中心に、神奈川県厚木市付近にかけて広がっていた。横山という名字のルーツは各地にあると思われるが、武家の横山家は横山党の末裔という家が多い。

横山党の一族は数が多く、平子、石川、椚田（くぬぎた）、平山、田名、野平、藍原、山崎、鳴瀬、小倉、菅生、大貫、糟谷、由木、室伏、大串、古市、田屋、愛甲、古庄（ふるしょう）などが横山党の名字である。

これらの横山党の一族のうち、最も栄えたのが海老名一族である。ルーツは相模国高座郡海老名（海老名市）で、村上源氏の源有兼が横山党と姻戚関係を結んで同党の季兼を養子とした。季兼は海老名に住んで海老名氏を称したことから、海老名氏は村上源氏の子孫といわれることもある。

季兼の子季定は源義朝・頼朝に従って功を挙げ、以後室町時代まで海老名郷を領した。やがて宗家の上海老名家と分家の下海老名家に分かれ、一族は播磨や因幡にも広がった。

季兼の子義忠は相模国愛甲郡本間（厚木市）に住んで本間氏となった。本間氏は承久の乱後に佐渡国の地頭職を得、のち一族が下向して佐渡本間氏となった。鎌倉時代末期には佐渡守護代を務め、以後本間氏は佐渡各地に広がり、戦国時代に上杉謙信によって滅ぼされるまで佐渡を支配した。

● 三浦一族の名字

三浦氏は三浦半島をルーツとする。桓武平氏の一族で、源頼朝が挙兵したときにもいちはやく味方し、まだ実力の伴っていなかった頼朝を、一族あげて支援した。そのため、鎌倉幕府の成立後は幕府内で重要な位置につき、以後室町時代まで相模国東部に大きな勢力を持ち続けた。

一族は全国各地に所領を得て移り住み、戦国時代の美作国（みまさかのくに）の戦国大名の三浦氏や、江戸時代の美作勝山藩主の三浦家など、各地の三浦氏は相模三浦氏の末裔というものが多い。

三浦一族の分家も、周辺の地名を名字したものが多く、津久井、芦名、岡崎、杉本、和田、朝比奈、高井、佐原、多々良、佐久間、土屋、二宮、平塚、糸久、土橋、横須賀などがあり、和田氏は越後、芦名氏は会津に転じて大名となった。

● 渋谷一族

渋谷一族も桓武平氏で、ルーツは相模国高座郡渋谷荘（大和市）である。

河崎重家の子重国が渋谷氏を称して源頼朝に仕えたのが祖。一族の渋谷金王丸は現在の東京・渋谷の地を領地としてもらったことから、ここが渋谷という地名になったとされる。また、渋谷駅東側の金王坂も、渋谷金王丸の名前に由来している。

　鎌倉時代、渋谷一族は鎌倉幕府から薩摩に領地をもらって下向、同地で薩摩渋谷氏として栄えた。一族からは、東郷氏、祁答院氏、鶴田氏、入来院氏、高城氏などが出た。

● 源頼朝から拝領した名字

　源頼朝は房総半島で多くの名字を与えているが、石橋山合戦に敗れて房総に渡る前の相模でもいくつかの名字を与えている。

　その代表が真鶴の青木である。青木という名字は各地にルーツがある地名由来の名字だが、真鶴の青木は地名とは別の由来を伝えている。石橋山合戦で敗れた頼朝は、真鶴山中の「ししどの岩屋」に身を隠した。しかし、そのままでは敵に見つかるため、住民がアオキの木を入り口に置いてカモフラージュしたことから、頼朝から青木という名字を賜ったという。

　また、真鶴町の御守は、隠れていた頼朝の見張りをしたことで御守の名字を賜ったと伝える。

◆ 神奈川県ならではの名字
◎勝俣

　県西部の小田原や箱根では、静岡東部と共通する名字が多く、その代表が勝俣である。「かつまた」と書く名字には漢字表記がいろいろあるが、静岡県側では勝又が一番多く、神奈川県側では勝俣が最多。とくに箱根町では町で一番多い名字が勝俣である。ルーツは静岡県榛原町の地名で、もともとは勝田と書いて「かつまた」と読んだ。のちに戦に敗れて箱根周辺に移り住んだといい、勝俣・勝又・勝亦と漢字を変えて土着した。

◎新堀

　新堀は関東地方に集中している名字だが、茨城県や埼玉県では圧倒的に「にいほり」と読むのに対し、神奈川県では85%が「しんぼり」である。県内では川崎市と横浜市北部に多い。

◎比留川

　神奈川県独特の名字。全国の8割以上が神奈川県にある。戦国末期、北条氏の滅亡後に家臣の一部が相模国高座郡深谷村（綾瀬市）に土着、川の

名前をとって蛭川氏を称した。その後、一部が比留川と改称したという。現在でも綾瀬市に多い。

◆神奈川県にルーツのある名字

◎愛甲 （あいこう）

　相模国愛甲郡愛甲荘（厚木市愛甲）がルーツで、武蔵七党横山党の一族。平安末期に島津忠久に従って大隅国（鹿児島県）に移った一族があり、現在も神奈川県と、鹿児島県から宮崎県・熊本県の南部にかけての2地域に多くみられる。

◎名越 （なごし）

　相模国鎌倉郡名越（鎌倉市）をルーツとする名字。桓武平氏北条氏の一族。北条義時の子朝時が名越氏を称したのが祖で、一族は評定衆、引付衆に列した。北条氏とともに滅亡している。

◎二階堂 （にかいどう）

　相模国鎌倉郡二階堂（鎌倉市二階堂）をルーツとする名字。藤原南家の一族で鎌倉幕府の官僚だった工藤行政は、鎌倉の永福寺の近くに住んでいた。この永福寺、3つの堂のうちの1つが2階建ての巨大なものだったことから二階堂と呼ばれ、やがて永福寺付近の地名も二階堂となった。そして、この地に住んだ行政も、二階堂を名字として名乗るようになったのが由来である。子孫は代々政所執事を世襲し、幕府内で北条氏に次ぐ勢力を得た。

◎波多野 （はたの）

　相模国余綾郡波多野（秦野市）がルーツで藤原北家秀郷流。藤原公光の子経範が波多野氏を称したのが祖。秀遠は鳥羽天皇、遠義は崇徳天皇に仕え、遠義以降庶子家を分出して相模国西部に勢力を広げた。義通の妹は源義朝の子朝長を育てたことでも知られる。鎌倉時代は御家人となり、全国に広がった。

◎府川 （ふかわ）

　全国の7割近くが神奈川県にある。相模国足柄下郡府川（小田原市）がルーツで、現在も小田原市に集中しているほか、平塚市や足柄上郡開成町、秦野市などにも多い。

◎和田 （わだ）

　和田のルーツは各地にあるが、相模国三浦郡和田（三浦市初声町和田）をルーツとする一族が最も著名で、この子孫と伝える家が多い。桓武平氏

で、三浦義宗の子義盛・宗美・義茂が和田氏を称したのが祖。義盛は源頼朝に従って鎌倉幕府の有力御家人となるが、建保元（1213）年北条氏と争って敗れ一族のほとんどが自刃、滅亡した（和田合戦）。しかし、和田重茂は北条氏方につき、のちに三浦一族の総領家となって、各地に勢力を広げた。

◆珍しい名字

◎外郎（ういろう）

小田原市の旧家。中国の元朝から渡来した陳宗敬が祖で、子孫が外郎を家名とした。代々医家で、丸薬をつくっており、のち後北条氏に仕えて、外郎は小田原名物となった。

◎鍵渡（かぎわたり）

海老名市に旧家の鍵渡家がある。かつて相模川の渡船場の鍵を保管し、必要に応じて船頭に鍵を渡したことに由来するという。

◎軍多利（ぐんだり）

藤野町の石楯尾神社の神官に軍多利家がある。密教の五大明王の一つ軍荼利夜叉明王に由来する。

◎三廻部（みくるべ）

相模国足柄上郡三廻部村（秦野市）がルーツ。現在は海老名市と小田原市に集中している。

〈難読名字クイズ解答〉
①あぐい／②あざみ／③あびこ／④ういろう／⑤きぬた／⑥すごもり／⑦そいり／⑧たじみ／⑨ちょっき／⑩なめかわ／⑪なるか／⑫ほやの／⑬みくるべ／⑭みじおか／⑮やなはし

II

食の文化編

米 / 雑穀

地域の歴史的特徴

「かながわ」は武蔵国久良岐郡（現在の横浜市神奈川区）の地域をいい、神奈河、神名川、上無川などと書かれたこともあった。横浜開港に伴い、1859（安政6）年に神奈川奉行所を置いたことが県名のきっかけになった。維新政府は1867（慶応3）年に神奈川奉行所を接収し、翌年、県庁の前身となる横浜裁判所とし、3カ月後には名前を神奈川府に変更した。1868（明治元）年には神奈川県となった。

その後、1871（明治4）年の廃藩置県、1876（明治9）年の足柄県の編入、1893（明治26）年の多摩3郡の東京府への移管を経て、現在の神奈川県域が確定した。

東京府との境界が多摩川に確定し、現在の神奈川県域が定まったのは1912（大正元）年である。

コメの概況

神奈川県の耕地率は8.0％で平均（12.0％）より低い。耕地に占める水田の比率も19.5％と全国で4番目に低い。このため、コメの農業産出額は全農業産出額の3.6％にすぎない。これは全国で3番目に低く、品目別農業産出額では8位である。

水稲の作付面積、収穫量の全国順位はともに45位である。収穫量の比較的多い市町村は、①平塚市、②厚木市、③小田原市、④伊勢原市、⑤海老名市、⑥横浜市、⑦開成町、⑧南足柄市、⑨藤沢市、⑩秦野市の順である。県内におけるシェアは、平塚市18.3％、厚木市14.4％、小田原市14.3％、伊勢原市11.1％などで、この4市で6割近くを生産している。

神奈川県における水稲の作付比率は、うるち米96.3％、もち米2.5％、醸造用米1.1％である。作付面積の全国シェアをみると、うるち米は0.2％で全国順位が45位、もち米は0.1％で奈良県と並んで44位、醸造用米は

0.2％で長崎、大分両県と並んで33位である。

陸稲の作付面積、収穫量の全国順位はともに5位である。

知っておきたいコメの品種

うるち米

（必須銘柄）キヌヒカリ、コシヒカリ、さとじまん、はるみ

（選択銘柄）なし

　うるち米の作付面積を品種別にみると、「キヌヒカリ」が最も多く全体の69.7％を占め、「さとじまん」（15.3％）、「はるみ」（8.3％）がこれに続いている。これら3品種が全体の93.3％を占めている。

- **さとじまん**　農研機構が「関東175号」と「越南154号」を交配し、育成した。10月に収穫する中生種である。「わが里自慢」ということで命名された。2005（平成17）年度から神奈川県で奨励品種に採用されている。
- **はるみ**　JA全農営農・技術センターが「コシヒカリ」と「キヌヒカリ」を交配して開発し、2014（平成26）年に品種登録された。品種名は、育成地である神奈川県・湘南地域の「晴れた海」に由来する。県央、湘南、県西地区の「はるみ」の食味ランキングは、2016（平成28）年産に初めて最高の特Aに輝いた。

もち米

（必須銘柄）喜寿糯

（選択銘柄）なし

　もち米の作付面積の品種別比率は「喜寿糯」79.7％、「マンゲツモチ」13.9％などである。

- **喜寿糯**　愛知県が「錦糯×糯千本」と「幸風」を交配して1970（昭和45）年に育成した。神奈川県では一時銘柄設定から外れたが、2009（平成21）年産から再設定され、必須銘柄である。

醸造用米

（必須銘柄）若水

（選択銘柄）山田錦

　醸造用米の作付面積の品種別比率は「山田錦」57.1％、「若水」17.1％などである。

● **若水**　愛知県が「あ系酒101」と「五百万石」を交配し1983（昭和58）年に育成した。

❶小麦

　小麦の作付面積の全国順位は42位、収穫量は40位である。栽培品種は「農林61号」「ユメシホウ」「あやひかり」などである。ユメシホウはパン用の品種である。産地は秦野市、座間市、伊勢原市、藤沢市、相模原市などである。

❷そば

　そばの作付面積の全国順位は43位、収穫量は高知県と並んで44位である。産地は秦野市などである。

❸大豆

　大豆の作付面積の全国順位は43位、収穫量は41位である。産地は相模原市、厚木市、秦野市、藤沢市などである。栽培品種は「津久井在来」などである。

❹小豆

　小豆の作付面積の全国順位は徳島県と並んで39位である。収穫量の全国順位は41位である。主産地は相模原市、秦野市、中井町などである。

● **荻窪用水**（小田原市）　隣接する箱根町を流れる早川の水を塔之沢付近でせきとめ、旧東海道に沿った多くのトンネルを通って小田原市荻窪につながる。全長は10.3kmである。江戸時代後期に小田原藩の水利事業として開削され、新田が開発された。今も野生のメダカが生息しており、童謡「めだかの学校」の作詞は、童話作家の茶木滋が同用水付近で息子と交わした会話がヒントになっている。

● **二ヶ領用水**（川崎市）　川崎市のほぼ全域を流れる神奈川県内で古い人工用水の一つである。用水名は、江戸時代の川崎領と稲毛領にまたがっ

て流れていたことに由来する。取水口は多摩川の上河原堰と宿河原堰の2カ所にある。1941（昭和16）年には、久地円筒分水が建設された。川崎堀、六ヶ村堀、久地堀、根方堀にそれぞれのかんがい面積に合わせて均等に分水する施設である。

- **相模川左岸用水**（相模原市、座間市、海老名市、寒川町、藤沢市、茅ヶ崎市）　1930（昭和5）年に当時の望月珪治海老名村長が近郷7町村で相模川左岸普通水利組合を設立し、1932（昭和7）年に起工、40（同15）年に完成させた。相模川左岸の相模原市磯部に頭首工を築造した。用水の延長は支線を含め24kmである。これによって2,200haの耕地が水害と干ばつから救われた。1947（昭和22）年の大洪水で取水不良となったが、翌年復旧した。

- **文命用水**（南足柄市、開成町、松田町、大井町、小田原市）　地域を流れる酒匂川は洪水がひん発する"暴れ川"だった。江戸時代以降、堤防や水門を築いてきたが、1923（大正12）年の関東大震災で破損した。この復旧に合わせ、いくつかの用水路を整理、統合して1933（昭和8）年に完成した。文命という名前は、治水工事に尽力したとされる中国の皇帝にちなんでいる。

コメ・雑穀の特色ある料理

- **しらす丼**（湘南地域）　湘南海岸沖では、しらす漁が盛んである。これを使ったしらす丼には、生のしらすでつくる生しらす丼と、塩湯でゆであげた釜あげしらす丼がある。生しらす丼は漁が行われる3月～12月に地元でしか味わえない。もともとは、漁師が船上でつくって食べた手軽な名物料理である。

- **海軍カレー**（横須賀市）　明治時代、調理が簡単で栄養バランスの良いイギリス海軍のカレーシチューに日本海軍が注目し、これにとろみをつけて日本人好みの味にしてご飯にかけて食べるようにしたのが始まりである。日本のカレーのルーツともいわれる。

- **アジずし**（相模湾沿岸）　祭りや祝い事のたびにつくられてきた伝統の握りずしである。この地域では、アジずしだけは自分で握るという家庭が残っている。アジを三枚におろし、塩や酢でしめることで、うま味を引き出す。おろしショウガや刻んだ青ネギなどを薬味にする。

- **江ノ島丼**（藤沢市）　刻んだサザエを卵でとじてご飯にのせたご当地丼である。親子丼の鶏肉がサザエに替わった感じの料理である。サザエのコリコリした感触が楽しめる。漫画『孤独のグルメ』（久住昌之原作、1997年、扶桑社）に登場して話題になった。

コメと伝統文化の例

- **貴船まつり**（真鶴町）　貴船神社の例大祭としての貴船祭りは17世紀中頃から続く伝統ある祭りである。神社のご神体を神輿に乗せて船で港を渡る海上渡御はメインイベントである。4種7隻の船で構成され、そのうち2隻は多くの提灯や豪華な彫刻で飾り付けられた小早船である。その後、町内を豊漁、豊作などを祈願しながら回る。国の重要無形民俗文化財である。開催日は毎年7月27、28日。

- **チャッキラコ**（三浦市）　小正月に、豊作、豊漁などを祈願して三崎の仲崎・花暮地区や海南神社で行われる女性だけで踊る民俗芸能である。少なくとも江戸時代中期から伝承されてきた。年配の女性10人ほどが歌い、5〜12歳くらいの少女20人ほどが晴れ着姿で踊る。ユネスコの無形文化遺産である。開催日は毎年1月15日。

- **相模の大凧まつり**（相模原市）　相模の大凧は、江戸時代の天保年間（1830〜43）頃からといわれ、本格的に大凧になったのは明治時代中期頃からである。初めは子どもの誕生を祝って個人的に揚げていたものが次第に広がりをもつようになり、豊作祈願や若者の希望などを題字に込めるようになった。会場は相模川新磯地区河川敷の4カ所である。開催日の基本は5月4日〜5日だが、風の状況によって変更されることもある。

- **相模国府祭**（大磯町）　寒川（寒川町）、川匂（二宮町）、比々多（伊勢原市）、前鳥（平塚市）、総社六所（大磯町）各神社と、平塚八幡宮（平塚市）を相模国6社という。国府祭はこの6社が集う祭りである。相模国の国司が五穀豊穣や天下泰平を神々に祈願したのが起源である。646（大化2）年の大化の改新以前に大磯より東に相武国、西に磯長国があり、両国が合併して相模国が成立した。前者には寒川神社、後者には川匂神社があり、合併にあたってどちらが大きいかを決めることになり、論争が起こった。これを儀式化し、神事として伝わっているのが座問答である。最後に比々多神社の宮司が「いずれ明年まで」と言って論争は収ま

るが、「いずれ明年まで」が1,000年以上続く。開催日は毎年5月5日。

- **鶴岡八幡宮の流鏑馬**（鎌倉市）　流鏑馬は、騎乗の射手が馬を走らせながら的を射る競技である。1187（文治3）年に源頼朝が始めたと伝えられている。境内に特設した長さ約250mの馬場に3つの的が設けられる。昔は、1から3までの的の当たり外れで、早生、中生、晩生の出来を占った。流鏑馬神事としての開催日は毎年9月16日だが、鎌倉祭りの4月第3日曜日にも。

こなもの

石垣だんご

地域の特色

　関東地方の南西部に位置し、『古事記』や『日本書紀』には、「総武国」や「相模国」と書かれ、かつては相模国の全域と武蔵国の一部を占めていた。幕末の寒村「横浜」は、外国に門戸を開く開港場としてから、急速に近代化へと進んだ。横浜に県庁が置かれたのは、明治11（1878）年であった。西部の箱根・丹沢などを有する山岳・丘陵と足柄平野、中央部の相模川によってつくられた台地と平野、東部は丘陵・台地と多摩川沿いの低地、太平洋に突き出ていて東京湾と相模湾の両面を有する三浦半島の3つの地域に分けられる。相模湾沖を流れる黒潮の影響で、気候は温暖である。

　江戸時代には果樹や葉たばこの栽培が始まった。秦野地域の葉たばこ栽培は健康のための禁煙者の増加により消滅し、現在は落花生に転作している農家もある。小田原城は、明応4（1495）年に戦国大名・北条氏の居城であった。北条氏の時代に梅の栽培を奨励し、その結果、梅干しの産地として今なお続いている。富士山の宝永大噴火（1707年）により酒匂川の氾濫が起こり大きな被害を受けた。幕末には、二宮尊徳（1787～1856）が、合理的で豊富な農業知識をもって、さらに勤労と倹約に努め、疲弊した農村を立て直した。

食の歴史と文化

　神奈川県の名産としては小田原の蒲鉾、三崎のマグロ、マアジ、シュウマイがある。かつては江ノ島のサザエのつぼ焼きも有名であった。三崎の漁港は遠洋で漁獲したマグロの他、近海を回遊する魚や相模湾で漁獲される魚も水揚げされる重要な漁業基地である。平安時代後期の祝宴には、すでに蒲鉾が提供されていた。この時代の蒲鉾は現在の竹輪に似たもので、小田原の蒲鉾のように板につけて蒸した「白板蒲鉾」は江戸時代後期になって確立された。白板蒲鉾は生産地と消費地の距離が近いところでの生産

が多かった。横浜のシュウマイの店は、明治5（1872）年に新橋と横浜の間に鉄道が開通する前の明治4（1871）年に、桜木町に開店した。

　かつては、江ノ島はサザエが豊富に漁獲できたので、江ノ島のサザエのつぼ焼きは有名であったが、現在はサザエの生息は減少し、つぼ焼き用のサザエは江ノ島以外の産地のものを使用している。神奈川の温州みかんは、江戸時代から小田原や南足柄、秦野の丘陵地の斜面で栽培されている。三浦半島ではワカメ・ハマチが養殖され、相模湾では定置網漁業も盛んに行われている。これらは東京、横浜、三浦半島の漁港に水揚げされるので、神奈川県は新鮮な魚の入手しやすい地域である。

　「けんちん汁」の発祥の地は鎌倉の建長寺といわれているが、この説が正確かどうか明らかでない。ただし、寺院の台所役である典座では、修行僧の食事に使った食材の残りを油で炒めてから煮込んだ味噌仕立ての汁に、ダイコンやニンジン、ゴボウなどの根菜類のクズを具として利用した料理といわれている。畑作中心の地域では、小麦粉を使った料理が多く、「へらへら団子」「酒まんじゅう」「おたらし（焼き菓子)」などを作っていた。

知っておきたい郷土料理

だんご・まんじゅう・せんべい類

①親子だんご

　サツマイモの粉を使っただんご。三浦市近郊はサツマイモの栽培が盛んなので、サツマイモの利用として生まれた郷土料理である。形のよいサツマイモは市場に出荷する。傷のついた生のサツマイモは、薄く切って干し、製粉し、「さつまいも粉」を作る。この粉で「親子だんご」を作り、間食として食べる。

　作り方は、サツマイモの粉の中に、賽の目に切ったサツマイモを入れて、水を加えて捏ねて、手のひらで握ったものを蒸かす。温かいうちに食べてもよく、冷めても美味しく食べられる。

②さつまだんご（相模原市）

　サツマイモの粉を使っただんご。サツマイモの粉用のイモの乾燥は、2月の晴天の続く日に行う。薄く輪切りにした生のサツマイモ、庭先のむしろに広げて乾燥し、製粉は専門のところで行う。この粉にぬるま湯を加え

てだんごができる硬さに捏ねる。だんごに丸めて、指で押さえて平たくして蒸かす。色は黒くなるが甘くて美味しい。冷えたものは、素焼きの土鍋のほうろくで焼いて食べる。

③黄な粉だんご／いびりだんご

平塚市の郊外に伝わるだんご。「黄な粉だんご」の原料は米粉と黄な粉、「いびりだんご」の原料は米粉・醤油・砂糖である。

米粉は品質の悪い中米か普通米を使う。中米は飯の代わりやおやつのだんご用に、普通米は行事や客のある日のだんごに使う。米は洗ったのち乾燥して臼で挽いて粉にする。

米の粉を木鉢に入れ、熱湯を加えて混ぜながら練る。だんごができる硬さになったら、丸めて茹でる。茹でたものは黄な粉でまぶして食べるほか、醤油と砂糖を煮詰めて作ったタレに入れて炒めるようにしてタレをからませる。寒い日には、サトイモや大根と一緒に味噌汁に入れて熱くして食べる。

④いもだんご（平塚市）

サツマイモ粉を使っただんご。この地区では貯蔵しておいた生のサツマイモがなくなったら、麦飯のたしになるように「いもだんご」を作って食べる。自家製の乾燥したサツマイモから製粉所で「さつまいも粉」に加工してもらい、この粉を原料とする。サツマイモ粉にぬるま湯を少しずつ加え耳たぶの硬さになるまで練る。練り上げた生地は、薄い円形状のだんごの形に作り、蒸す。蒸しただんごは、砂糖と黄な粉の混ぜあわせたものをつけて食べる。冷えたものは焼いて食べる。

⑤酒まんじゅう

冷やしご飯をお粥にし、これに米麹を加えて発酵させて、まんじゅう酒を作る。まんじゅう酒に小麦粉を加えて、まんじゅうの生地を作り、この生地で小豆餡を包んで蒸す。

相模原市周辺では、お祭りには酒まんじゅうを作って祝う。

⑥石垣だんご（高座地方）

小麦粉と賽の目に切ったサツマイモを混ぜた中に、重曹と少量の塩を加えただんごの生地を丸めて、茹でただんごである。その形に凹凸が多いことが、石垣のようにみえるので、石垣だんごの名がある。

神奈川県高座郡はサツマイモの特産であることから生まれ、農家の間食

として作られた。10月～11月のサツマイモの収穫時期には、どこの農家でも作る。サツマイモの品種の「高座赤」は、この地域で栽培されているために開発された品種であった。

⑦もろこしもち

トウモロコシの粉を捏ねたまんじゅうの生地で、小豆餡を包んで、浅い鉄鍋のほうろくで焼いたもの。蒸籠で蒸したものもある。夏に収穫したトウモロコシは乾燥し、石臼で挽いて粉にする。間食やご飯代わりに食べた。

⑧さつまもち

サツマイモの粉に湯を加えてだんごの生地を作り、これを丸めて蒸す。蒸しただんごは小豆餡をまぶす。

冬から春の午後の間食のために用意する。

⑨ういろう（外郎）

米の粉に、砂糖を混ぜ合わせた蒸し菓子で、小豆餡、抹茶、黒砂糖、栗、シソ、コーヒーなどの種類がある。小田原に伝わるういろうは、薬のういろうに色や形が似ていて、2，30年前までは健康食とされ入手しにくいことがあったが、どのような健康効果があったかは定かでない。薬のういろうは、江戸時代に小田原の名物となったものである。歌舞伎十八番の「ういろう売り」は、二代目市川団十郎が喉の具合が悪くなり、小田原のういろう薬で全快したことことから書き下ろされたもののようである。小田原のういろう薬は、清涼剤で頭痛や髪の臭気を取り除く効果あり、上流社会の人々が冠に忍ばせて使用したもので、透頂香と呼ばれたものであった。

⑩西行饅頭

旧東海道の大磯で売っている饅頭である。東京から関西への国道が東海道だけの時代は、大磯でこの饅頭を買うのを楽しみにしていたドライバーが多かったが、高速道路の時代になってから、以前ほど購入するのに困難でなくなったようである。明治24年創業の「新杵」で販売している饅頭で、吉田茂や島崎藤村が好んで食べた大磯名物の饅頭。

⑪きらくせんべい（亀楽煎餅）

亀甲煎餅と同じ系統の小麦粉煎餅。横浜市の名物せんべい。明治4(1871)年に長谷川弥三郎が、考案したといわれている。小麦粉に、砂糖、卵を混ぜ合わせ、バター、牛乳、落花生、シナモンを加えた粘性のある生地を、型に流し込み焼き上げたものである。丸形、四角形、巻物などがある。

お焼き・焼きおやつ・お好み焼き・たこ焼き類

①鍋焼き

小麦粉に黒砂糖と少量の重曹を入れて混ぜ、水を加えて流動性のある軟らかい生地にし、フライパンなどに油を引いて焼く。かつては、神奈川県でもミカンを栽培している地域で間食として用意された。

②たらしもち

小麦粉に少量の重曹を加え、ソフトな硬さに捏ねる。油をしいたフライパンなどで焼き、砂糖の入った甘辛い味の醤油をつけて食べる。かつては、神奈川県でも山梨県に近い地域で、山仕事へでかける日のおやつとして用意した。

麺類の特色

神奈川県の西部は、稲作には適さないためか小麦や大豆、ソバの栽培が盛んである。

めんの郷土料理

①そば

足柄上郡では、正月や冠婚葬祭にはそばを打つ農家や地域がある。そば粉：小麦粉（7：3）で作る。茹でて冷やしたそばは、容器に入れたら味の濃い目の醤油味のつゆをつけて食べる。そばには、ミカンの皮の干したもの、山椒、トウガラシ、ネギなどを薬味として使う。

②煮込みうどん

三浦市ではうどんは、鰹節でだしをとり、油揚げを入れて醤油味の汁を作り、これでうどんを煮込む。

相模原市には、「煮ごみうどん」がある。ニンジン、ダイコンなどの野菜類を具として入れ、煮込む。

③小豆べっちょ

うどんより太めの麺を、砂糖で甘くし汁たっぷりの小豆に入れる。冬の間食用に利用する。

くだもの

地勢と気候

　神奈川県は関東平野の南西部に位置し、北は東京都に接し、東は東京湾、南は相模湾、西は山梨、静岡両県に接している。地形は、西部が山地、中央は平野と台地、東部は丘陵と沿海部の3つに分けられる。県の中央部を相模川、西部を酒匂川が流れている。全国の主な湖で7番目に高い地点にある芦ノ湖をはじめ、相模湖、津久井湖、丹沢湖、宮ヶ瀬湖など水資源利用のための人造湖が多い。426kmの海岸線は変化に富む。神奈川県の農地面積は、県全体の9.4％（2010年）にとどまっている。富士箱根伊豆国立公園の一角をなしている箱根や湯河原の温泉地帯、丹沢の山岳地帯などがある。

　気候は、温暖で雨量の多い太平洋側気候である。北西部に「神奈川の屋根」といわれる標高1,500m級の丹沢山塊や箱根をひかえ、東と南が海に面し、太平洋の黒潮の影響を受けるためである。

知っておきたい果物

キウイ　　キウイの栽培面積、収穫量の全国順位は、ともに愛媛県、福岡県、和歌山県に次いで4位である。全国シェアは、栽培面積で6.4％、収穫量で6.2％である。栽培品種は「片浦イエロー」と「ヘイワード」である。主産地は小田原市、南足柄市、山北町、秦野市などである。出荷時期は12月～5月頃までである。

　神奈川県内のキウイ栽培は、1974（昭和49）～75（昭和50）年に山北町の農家が導入したのが始まりである。県西地域は貯蔵生産基地として全国的にもシェアが高い。県西地域以外では直売用に小規模栽培が増加している。

　「片浦イエロー」は、果肉が黄色で、年内に収穫できる早生品種である。1994（平成6）年に中国系の「アップル」に、中国系キウイから選抜した

雄系統を交配し、2001（平成13）年に選抜した。品種登録を受けたのは2008（平成20）年である。開花がヘイワードより7〜10日くらい早く、10月下旬〜11月上旬頃に収穫できる。収穫後低温貯蔵することで、12月頃から成熟してくる。重さは100ｇ程度で、ヘイワードよりやや小ぶりである。主に直売向けに開発した。

オウゴンカン　漢字では黄金柑と書く。ゴールデンオレンジともいう。オウゴンカンの生産県は4県である。神奈川県は栽培面積で52.1％、収穫量で63.3％を占め、ともに全国一である。主産地は小田原市などである。

ウメ　ウメの栽培面積の全国順位は9位、収穫量は8位である。「白加賀」や「玉英」などは梅酒用、「十郎」などは梅干し用などである。小田原では北條時代に城内や屋敷に梅の植樹を奨励し、梅干しとして漬け込まれてきた。主産地は、小田原市、南足柄市、中井町、大井町、松田町、山北町などである。

　「十郎」は、1957（昭和32）年に当時の鈴木十郎小田原市長が良品の梅干しづくりを提唱し、同市下曽我地区の農家を中心に結成した梅研究同士会と、神奈川県農業試験場（当時）が協力して育成した。果肉が厚くて、やわらかく、種が小さいのが特徴である。

ミカン　ミカンの栽培面積、収穫量の全国順位はともに10位である。ミカンは神奈川県の農業産出額で8位を占め、果物では最も多い。ミカンの生産量は関東地方で最も多い。四国や九州のミカンに比べて酸味が強めである。

　品種は「大津4号」「青島温州」「宮川早生」が中心である。大津は、湯河原町の大津祐男氏によってつくられ、1977（昭和52）年に品種登録された。主産地は小田原市、伊勢原市、三浦市、真鶴町、大磯町などである。出荷時期は通常のミカンが10月〜3月、ハウスミカンが6月中旬〜10月頃である。ハウスミカンは、8月頃には地方市場や直売向けに多く出荷される。

　神奈川県内のハウスミカンは、1975（昭和50）年に小田原市石橋の農家が導入したのが始まりである。湘南地域では特産品として「湘南の輝き」というブランドがあり、神奈川県内で最も早く6月中旬頃から出荷される。「湘南の輝き」は、糖度12度以上を基準にしている。

湘南ゴールド　　　農林統計によると、主な生産地は神奈川県だけである。主産地は小田原市、二宮町などである。出荷時期は3月中旬～4月中旬である。

　神奈川県農業技術センターで育成され、2003（平成15）年に品種登録した。県西部で栽培されていた黄金柑（ゴールデンオレンジ）と、今村温州を交配して誕生した。同センターは、「幸せを呼ぶ新感覚オレンジ」のキャッチフレーズで消費の喚起に努めている。

日本ナシ　　　　ミカンに次いで収穫量の多いのは日本ナシで、神奈川県の品目別農業産出額では10位である。日本ナシの栽培面積、収穫量の全国順位はともに14位である。栽培品種は「幸水」と「豊水」を中心とし、「新水」「あけみず」「あきづき」「新高」「筑水」「長十郎」などが栽培されている。主産地は横浜市、川崎市、伊勢原市、小田原市、厚木市などである。出荷時期は、7月下旬～10月中旬頃である。

　「幸水」と「豊水」は、神奈川県園芸試験場（当時、現神奈川県農業技術センター）で育成された「菊水」から育成された品種で、神奈川県が現在のナシの主要品種の基礎を築いた。極早生種の「香麗」と「なつみず」も神奈川県が育成し、導入している。

　川崎市は、「長十郎」の発祥の地である。1893（明治26）年に大師河原（現川崎市日の出町）の当麻辰次郎（通称屋号、長十郎）のナシ園から長十郎が発見された。川崎で栽培されるナシは「多摩川ナシ」、横浜では「浜ナシ」、足柄地域では「足柄ナシ」などとよばれ、地元で親しまれている。多摩川ナシの栽培は1650（慶安3）年からと古い。

カキ　　　　　カキの栽培面積の全国順位は23位である。収穫量の全国順位は21位である。神奈川県では、大正時代に、現在の主力品種の「富有」と「次郎」の栽培が始まった。主産地は伊勢原市、小田原市、横浜市などである。出荷時期は11月上旬～12月上旬頃である。

　省力化技術として、平棚栽培が一部地域で導入され、樹体ジョイント仕立て法の取り組みも始まっている。神奈川県におけるカキの中心地は伊勢原で、同市大山付近には、樹齢200～300年に及ぶ老樹が多くみられる。

　日本で最も古い甘ガキは「禅寺丸柿」である。鎌倉時代初期に、川崎市の柿生付近で発見された。柿生の地名の由来にもなっている。小粒で丸く、水分が豊富だ。1960（昭和35）年代後半、「富有」「次郎」など実の大き

い甘ガキが増産されるとともに、生産量が減っていった。現在では、川崎市と、隣接する東京都町田市でしかほとんど栽培されていない。地元では柿生禅寺丸柿保存会が結成されている。

スイカ　スイカの作付面積の全国順位は9位、収穫量は12位である。主産地は三浦市で、横須賀市、横浜市などが続いている。出荷時期は小玉スイカが6月下旬～8月上旬、大玉のスイカが7月上旬～8月中旬頃である。三浦市では、1883（明治16）年頃にスイカの栽培が始まった。

清見　清見の栽培面積、収穫量の全国順位はともに8位である。主産地は小田原市などである。

レモン　レモンの栽培面積、収穫量の全国順位はともに9位である。主産地は小田原市で、「片浦レモン」などを生産している。

ネーブルオレンジ　ネーブルオレンジの栽培面積の全国順位は9位、収穫量は8位である。主産地は小田原市、湯河原町、南足柄市、秦野市などである。

ハッサク　ハッサクの栽培面積の全国順位は島根県と並んで22位である。収穫量の全国順位も22位である。主産地は小田原市、湯河原町、南足柄市などである。

メロン　栽培品種は「タカミメロン」「キンショーメロン」などで、露地トンネル栽培が中心である。主産地は川崎市、三浦市、横須賀市などである。収穫時期は6月下旬～7月下旬頃である。

イチジク　イチジクの栽培面積の全国順位は、高知県と並んで36位である。収穫量の全国順位は29位である。主産地は大井町、横浜市などである。

ブルーベリー　ブルーベリーの栽培面積の全国順位は17位、収穫量は9位である。主産地は横浜市、相模原市、小田原市などである。

クリ　クリの栽培面積の全国順位は11位、収穫量は15位である。主産地は秦野市、横浜市、相模原市などである。

ギンナン　ギンナンの栽培面積の全国順位は26位、収穫量は21位である。主産地は小田原市、山北町、大和市などである。

ナツミカン　ナツミカンの栽培面積の全国順位は20位、収穫量は21位である。主産地は小田原市、湯河原町、南足柄市などである。

不知火　不知火の栽培面積の全国順位は18位、収穫量は20位である。主産地は小田原市などである。

ブドウ　ブドウの栽培面積の全国順位は34位、収穫量は36位である。主産地は伊勢原市、藤沢市、秦野市、厚木市などである。

イチゴ　主産地は平塚市、海老名市、厚木市、秦野市などである。ハウス栽培の出荷時期は12月〜5月頃である。

地元が提案する食べ方と加工品の例

果物の食べ方

みかんジュース入り炊き込みご飯（神奈川県が認定するふるさと生活技術指導士）

　米は炊く30分前にとぎ、ざるなどに上げておく。米2合の場合、ミカン果汁と水を各240cc、塩、みじん切りのニンジン、石づきを取り、細かくさいたシメジを入れて炊く。グリーンピースを飾る。

梅ごはん（伊勢原市）

　米をといで、コンブでとっただし汁に漬ける。種を取り、果肉を包丁でたたいてつぶした梅干しと醤油、塩を入れて味を調え、炊飯器で炊く。梅干しの酸味が薄まり、さっぱりした味に。

小松菜とまいたけの柚子おろし和え（相模原市）

　ゆでた小松菜、酒と塩を加えて火を通したマイタケを、ユズと醤油を混ぜたユズ醤油少量で和え大根おろしを合わせ、残りのユズ醤油を加える。ユズの果皮を飾る。

ゆずだれの簡単ピョンズ（韓国風水餃子）（神奈川県）

　トウガン、白菜、豚挽き肉を、おろしショウガ、酒、ごま油などを混ぜて、ぎょうざの皮で包み、ゆでる。皿に盛り、ユズだれ、すりおろした大根を添える。

大根とリンゴのゼリー（横浜市）

　大根、リンゴを正方形状に切って、鍋で加熱し、水で戻した寒天を入れ、

煮る。大根が透き通ってきたら、リンゴジュースなどを入れ、冷やして、固める。料理コンクールレシピ。

果物加工品

- 曽我の梅干　JAかながわ西湘梅干生産部
- 梅の里のジャム　JAかながわ西湘梅ジャム生産部
- 梅の風（梅ドリンク）　JAかながわ西湘
- かわさき柿ワイン禅寺丸　柿生禅寺丸柿保存会
- いちご酢　海老名銘酒開発委員会
- いちごわいん　海老名銘酒開発委員会

消費者向け取り組み

- かながわブランド
- 二宮果樹公園　二宮町

魚　食

地域の特性

　相模湾の海域は神奈川県の三浦半島の城ヶ島と神奈川県西部の真鶴岬を結ぶ線から北の海域をさしている。三浦半島の東側は東京湾で、反対側が相模湾に面する。相模湾に面している沿岸には、長い砂浜が続く。岸壁もあるが、海水浴に適した地域もあり、漁港も多い。長井、葉山、佐島、腰越、小坪、平塚、大磯、小田原、早川、真鶴などの漁港と魚市場がある。魚市場があるから、相模湾に面する湘南地区は新鮮な魚介類が入手できる。相模湾と駿河湾の間には、箱根火山から相模湾に流れだした溶岩がつくった細長い真鶴半島がある。黒潮の支流の影響で、真鶴地域の気候は温暖で亜熱帯の生物が生息している。真鶴港は沿岸漁業の盛んなところで、ブリ、アジが水揚げされる。相模湾は温暖なので定置網でもブリやアジ、その他の魚を漁獲している。真鶴半島は荒々しい岩礁を有しているので磯魚も多く生息し、海藻類も多く繁茂している。相模湾には酒匂川、相模川、早川など丹沢山系に水源のある河川が、豊富な栄養分を注いでくれる。黒潮の支流が入り込むので漁場としては適している海域である。

魚食の歴史と文化

相模湾は黒潮と丹沢の水

　相模湾は漁獲する魚の種類も量も多く、丹沢由来の水質が食品加工に適しているために、早くから水産練り製品の製造が発達していた。小田原のかまぼこの製造が商業的に行われるようになったのは天明年間（1781〜88）といわれている。参勤交代で東海道を移動する大名や旅人に、小田原宿で作って供していたという。かまぼこ製造を専門とする企業が発展したのは1920年頃から。原料のグチが豊富に入手できるようになってからである。小田原は漁港もあり、かまぼこも作るようになったから、多種類の魚の加工品をつくり、箱根に向かう人、下ってくる人を対象に練り製品や塩辛な

どのお土産製品もつくるようになった。

仏教と外国文化の交雑した神奈川

源頼朝が鎌倉に幕府を開いた鎌倉時代（1185〜1333）の後半には建長寺、円覚寺など有力な禅寺をおき、鎌倉は関東の中心地となった。この時代の武士は質素な生活を過ごすことに心がけていたから、仏教の教えといい、武士の考え方からは派手な食文化は生まれてこなかった。しかし、神奈川の地名の発祥である神奈川宿（現在の横浜市神奈川区）は、外国との交易の中心地であり、横浜の山手地区は外人の居留地であり、中華街が発達したように中国人が多かった。このような、仏教の文化と西欧の文化が交雑していることが、食文化にも影響しているかもしれない。

知っておきたい伝統食品と郷土料理

地域の魚介類

相模湾で定置網が仕掛けられる魚種には、ブリ、マアジ、サバ、イワシ類（マイワシ、カタクチイワシ、ウルメイワシ）、カマス類（ヤマトカマス、アカカマス）などがある。引き網で漁獲されたシラスは生食のほか、釜揚げシラス、シラス干し、たたみイワシに加工する。春から初夏に漁獲される生シラスは、ショウガ醤油で食べるか、シラス丼で食べるのが湘南の名物となっている。三浦市の三崎港は、遠洋業の基地であり、いろいろなマグロ料理が工夫されている。

最近、よく利用されている魚介類には、マサバ（松輪サバ、三浦寒サバ）、マアジ（相模湾のアジ）、シラス（湘南のシラス）、イシモチ（小田原）、マグロ（三崎マグロ）、アナゴ（横浜のアナゴ）、シャコ（小柴のシャコ）、サザエ（三浦のサザエ）、アワビ（三浦のアワビ）がある。

箱根・芦ノ湖の魚には、在来種ではワカサギ・ヘラブナ・コイ・オイカワ・ドジョウ・ウナギなど、外来種ではブルーギル、ブラックバスなど、養殖魚として馴染みのあるニジマス、ヒメマスがいる。ニジマスの原産地は北米の太平洋側からカムチャッカ半島である。ヒメマスの原産地は阿寒湖と網走川水系のチミケップ湖である。芦ノ湖には原産地がヨーロッパのブラウントラウト（サケ属）も棲息している。

伝統食品・郷土料理

①イサキの料理と利用

- **イサキの蒲鉾**　神奈川県ではシマイサキの名で呼ぶことがある。すり身を板つきかまぼこに加工するのは、小田原かまぼこの特徴である。
- **イサキ料理**　初夏に旬の高級魚。刺身、すしタネ、塩焼きなど。
- **小田原かまぼこ**　小田原かまぼこの主な原料はグチ類であったが、原料不足からスケトウダラのすり身を使っている。小田原のかまぼこは板につけて蒸すので「板つき蒸しかまぼこ」といわれている。小田原かまぼこの特色は、色が白くて表面にしわがなく、扇方の山形の半円形の形をしており、厚いきれいな板にのっている。切り口はきめ細かくて光沢がある。西日本のかまぼこに比べると魚の風味に欠けるが、砂糖やみりんを多く使っているので風味が整っている。小田原かまぼこが商業的生産が行われるようになったのは天明年間（1781～88）といわれている。東海道の小田原宿では、参勤交代の大名や旅人に蒲鉾を提供していた。小田原式板づけ蒲鉾は、小田原を中心とする神奈川県、静岡県の静岡市や焼津市、福島県のいわき市、新潟市で作られている。原料は1920年頃からはキグチ、シログチを使っていたが、1960年頃からはキグチが高価になったので、グチ、スケトウダラ、ミナミダラが使われている。

②アカカマスの利用と料理

- **カマスの開き**　小田原では背開きして干物にする。これが小田原の伝統的カマスの干物の作り方で「小田原開き」という。
- **カマスの塩焼き**　塩焼きが最も一般的な食べ方である。

③ウマヅラハギ

三浦半島近海で獲れる。カワハギよりもやや劣る味だが、肝と一緒に食べる刺身は美味しい。旬は冬で、塩焼き、鍋の具のほか、干物にも加工する。

④マサバ

江戸時代から三浦半島の松輪地区のサバは「松輪のサバ」として、その美味しさは肉付きがよく評判がよい。8月下旬から冬にかけて旬。

⑤イズカサゴ

相模湾以南で獲れる、ほほに多くのトゲのある魚。オニカサゴの別名も

ある。から揚げ、煮つけ、鍋の具によい。

⑥メダイ

　三崎の松輪に水揚げされる魚が美味しい。刺身、塩焼き、粕漬け、味噌漬け、鍋や椀の具によい。

⑦イトヒキアジ

　相模湾では夏から冬にかけて獲れる1mもの魚。刺身、塩焼き、フライに使う。

⑧ハバノリ（海藻）

　渇そう類で、神奈川県、千葉県の潮間帯の岩礁に生育する。天日で干して炙って食べる。神奈川県や千葉県の沿岸部では、正月の雑煮に入れる。

⑨サザエの料理

● サザエのつぼ焼き　三浦半島から江ノ島までの一帯はサザエのつぼ焼きが名物であった。現在は、この地域でサザエは獲れないので、それほど派手には売っていない。肉を取り出し適当な大きさに切り、三つ葉を入れ、みりん、醤油で調味して、殻に入れて焼いたものである。現在は、身を取り出さないで、網焼きしてから蓋を取り出し、醤油、酒で調味することが多い。

● 江ノ島丼　親子丼の鶏肉をサザエに替えて作ったもの。

⑩その他

● イカの塩辛　塩辛は奈良朝の頃にあったシビシオ・肉醤に由来する。細かく刻んだイカ（スルメイカ）と肝臓に塩を入れて熟成させて作る。小田原の塩辛の特徴は、米麹を使うので、甘味がある。北条氏が小田原城の城主だった頃、美濃屋吉兵衛という漬物屋が考えたといわれている。

● アジの押し寿司　相模湾の小アジを使った押しずし。すし飯の酢は、黒酢を使っているところもある。大船、小田原などの駅弁の人気商品。大船の駅弁「アジの押し寿司」の値段は1980年頃は500円であった。すしめしに少量の黒酢を使い、アジの切り身はかために酢締めしてあるのが特徴。

● うずわ料理　ウズワとはマルソウダガツオのこと。小田原地方の郷土料理。塩漬けにしたり、油炒めにして青ネギと煮込む。

● ハマグリ鍋　ハマグリ・ハクサイ・シュンギク・しらたき・エノキダケの鍋で、味付けは塩だけである。相模湾地方の郷土料理。

- **魚玉茶漬け** 卵に醤油を加えてかきまぜた漬け汁の中に、刺身（カツオ、マグロ、クロダイ、ユチなど）を入れて漬け込む。漬けた刺身をご飯にのせ、番茶をかける。小田原のお茶漬けといわれている。
- **鎌倉和え** 新鮮な魚貝を蒸すか酢漬けにし、ダイコンおろしで和えたもの。
- **つみれ焼き** 魚肉のつみれを串に刺し、直火で焼いたもの。

肉　食

シュウマイ

▼横浜市の1世帯当たりの食肉購入量の変化（g）

年度	生鮮肉	牛肉	豚肉	鶏肉	その他の肉
2001	39,950	7,879	18,111	11,482	790
2006	40,137	6,950	19,260	11,233	1,065
2011	45,379	7,322	20,784	13,960	1,247

　神奈川県の西部の山岳・丘陵・平野、太平洋に面した湘南地区、太平洋に突出している三浦半島などいずれの地域でも農作物の栽培、ウシやブタの飼育が行われ、県内だけの消費だけでなく、隣接する東京都でも販売している。穏やかな気候と広い平野は、農作物も食肉、乳製品の生産を有利にし、西部の東南に面している里山では温州みかんの栽培も行っている。現在は東京の企業へ通勤している人が多く、兼業の人々が多いので、農作物や食肉、酪農などの大規模経営者は少なくなっている。

　牛肉をのぞいて、2001年度、2006年度、2011年度の生鮮肉、豚肉、鶏肉、その他の肉の購入は現在に近づくほど多くなっている。各年度とも豚肉の購入量は、各年度とも牛肉の購入量の2〜3倍であるから、豚肉文化圏であるといえる。

　2001年度、2006年度、2011年度の横浜市1世帯当たりの生鮮肉の購入量に対する牛肉、豚肉、鶏肉、その他の肉の購入量の割合は、東京都のそれらと比べると同じような割合である。いずれの年度も横浜市のその他の肉は神奈川県の西部の山間部で捕獲されたものの利用であろう。

　神奈川県の西部の山間部に近い市町村の田畑は、イノシシによる被害が多く、それを捕獲し、田畑の被害を少なくしようと考えている。ときどき、猟師が捕獲したイノシシは一部の人々や集落のイベントのときに味噌仕立ての鍋をつくり賞味しているが、実際にはイノシシの新しい料理や加工品を模索しているところである。イノシシは捕獲、屠殺してから素早く料理や加工品にしなければならないので、新商品の開発は難しいらしい。

　文明開化の時代の横浜には、外国人の居留地があったことから、食べ物

　凡例　生鮮肉、牛肉、豚肉、鶏肉の購入量の出所は総理府発行の「家計調査」による

に関しても欧米や中国から導入したものも多かった。今でも中華街はグルメの中心地であり、横浜港の近くには、古くからのすき焼きの店、ヨーロッパ料理の店などがある。

中華街と肉料理

神奈川県内だけでなく、中華街で提供される肉料理が日本人の食卓へ影響を及ぼし、それが地域の名産品となっている例は多い。

1859（安政6）年、横浜港が開港されると、外国人居留地が造成され、欧米人とともに中国人貿易商も来往し、居留地の一角（現在の山下町）に、関帝廟、中華会館、中華学校などを建てていった。1899（明治32）年、居留地が廃止となり、居留地以外でも住むことが許され、中華街はさらに発展していった。1923（大正12）年に発生した関東大震災では中華街は大打撃を受け、大多数の中国人が帰国した。その後、1937（昭和12）年に日中戦争が勃発すると、貿易の仕事も難しくなった。第二次世界大戦後の復興期になると横浜港は外国との貿易港として賑やかになった。

知っておきたい牛肉と郷土料理

神奈川県の厚木、大和、足柄、箱根、愛甲、伊勢原などの清涼な自然環境の地域で肉牛の肥育、酪農などが多い。厚木の食肉処理場は県内だけでなく近隣の県からも肉牛が運ばれてくる。

神奈川県の銘柄牛は次のとおりであるが、牛肉も豚肉と同様に地産地消の食品として役立つことを狙っている。神奈川県内は都市化が進み、肉牛、乳牛、ブタ、鶏を飼育する場所が少なくなっている。ある飼育場はゴルフ場の近くにあることもある。ゴルフというストレスから守るために、クラシック音楽をかけている養豚場や養鶏場もある。かつては、横浜でもウシが飼育されていたが、都市化に伴い畜産物の生産者は減少したが、現在でも畜産物を生産している農家がわずかに残っている。

銘柄牛の種類

三浦葉山牛、足柄牛、横浜ビーフ、市場発　横浜牛、やまゆり牛、市場発横浜牛などがある。さらに、神奈川県では新しい肉牛（神奈川牛）を開発している。

❶葉山牛

葉山牛の飼育には、コメ、おからなど加熱した穀類や豆類を配合した独特の飼料を与え、葉山牛の霜降り肉を作っている。甘みがあり、うま味も

ある美味しい肉として評価されているが、国産牛に比べると値段が高い。葉山牛は、三浦半島酪農組合連合会の指定された会員が、指定の飼料を与え、肥育した黒毛和種である。黒毛和種も未経産雌牛ならびに去勢牛でなければならない。葉山牛が食べられるのは神奈川県内の指定される飲食店、販売店である。人気のある店は、鎌倉市の小町通りにある「マザース　オブ鎌倉」で、ステーキを中心に提供している。

❷足柄牛

ホルスタイン種と黒毛和種の交雑種で、神奈川県でも自然豊かな丹沢麓で、ストレスがない環境で育成されたウシである。飼料には地域の特産物の足柄茶を混ぜている。きめ細かい肉質としっかりした食感をもっている。広範囲の料理に利用されている。葉山牛に比べると、手ごろな価格で購入できる。

❸横浜ビーフ

牛鍋の発祥の地として、（一社）神奈川県畜産会が主体となって横浜市内の牧場で育成した黒毛和種である。21世紀になって誕生した極上の黒毛和種の肉である。

❹市場発横浜牛

専門家の目で育成した和牛である。

❺やまゆり牛

藤沢市、茅ヶ崎市、寒川町、足柄地域の指定農家だけが飼育している黒毛和種である。やまゆり牛を使った郷土料理の「やまゆり牛丼」は、この地域の人たちが薦める牛肉料理である。

❻生粋神奈川牛

2013年12月に登録。神奈川県と神奈川県食肉協同組合が「神奈川生まれの神奈川育ちの牛」の開発に研究を重ね、ブランド名を消費者から応募し「生粋神奈川牛」の銘柄牛が誕生した。肉質は霜降り肉が多くやわらかい。

- **牛鍋**　横浜・中区の「太田なわのれん」は、明治元年創業である。現在はすき焼きの店といわれているが、元来は牛鍋の発祥の店である。1862（文久2）年に、横浜に最初の牛鍋屋があらわれる。伊勢熊という居酒屋で、牛肉の煮込みを出した頃は大盛況であった。本格的な牛鍋を始めたのは1862（文久2）年であった。本格的な牛鍋を始めたのは、

老舗の「太田なわのれん」で、能登の国の高橋音吉が1865（慶應元）年に、横浜の横浜堤で牛肉の串焼きを始めたことから牛鍋に発展したといわれている。

「太田なわのれん」の牛鍋は、サイコロ状に角切りした牛肉を鉄板に載せて焼いてから、味噌仕立てのすき焼きとする。野菜類は、牛肉を焼いてから同じ鍋で割り下を足しながら肉と同様に味噌味で食べる。最後に、鍋に残った煮汁を白いご飯にかけて食べるのが、この店の食べ方の流儀である。獣の臭みを緩和するのに味噌味にしたといわれている。「太田なわのれん」の使用している牛肉は山形産である。

文明開化の時代にもう1軒できたすき焼きの店「荒井屋」は1895（明治28）年創業である。最初は牛鍋や牛めしを提供し、「牛肉を食べないものは、文明開化にのり遅れる」というようなキャッチコピーで、客を呼んでいたそうだ。

● **葉山牛のステーキ・焼肉** 神奈川県内には葉山牛を取り扱い、葉山牛のステーキや焼肉を提供する店もある。鎌倉の小町通に古くから葉山牛を提供している店があり、今も続いている。

知っておきたい豚肉と郷土料理

銘柄豚 飯島さんの豚肉、かながわ夢ポーク、さがみあやせポーク、自然派王家（王家　高座豚）、みやじ豚、湘南うまか豚、湘南ぴゅあポーク、湘南ポーク、丹沢高原豚、日本の豚　やまと豚、はーぶ・ぽーく、はまぽーく、やまゆりポークなどがある。これらは、現在販売しているので、神奈川県内の指定された食肉販売店で購入が可能である。

❶飯島さんのぶたにく

神奈川県の系統豚カナガワヨークとユメカネルを活用してデュロックを改良したものである。品質がよく好評である。

❷かながわ夢ポーク

カナガワヨークとユメカナエルを活用して造成したブタで、その肉質は軟らかく、ジューシーである。

❸さがみあやせポーク

きめ細かい滑らかな肉質。

❹自然派王家高座豚

中ヨークシャーの血統に属するヨークシャー種で、ハム・ソーセージ・味噌漬けなどの加工品の原料として使われることが多い。高座豚は、神奈川県の綾瀬町、寒川町で飼育しているが、加工は厚木などでも行っている。

❺みやじ豚

藤沢地区でストレスのない環境で飼育した豚で、脂身はさらっと口どけのよい脂肪が含まれている。専用の焼肉店で利用されている。

❻湘南うまか豚

湘南地区の養豚家が独自の飼料で育成している。

❼湘南ぴゅあポーク

中ヨークシャー種で、非遺伝子組み換えの大豆、トウモロコシのほか、大麦、マイロを飼料に混ぜて投与している。

❽湘南ポーク

肉質はきめ細かい。熟成した品質のよい豚肉である。

❾丹沢高原豚

細菌性の安全性をチェックし、安全性を確保している。

❿日本の豚やまと豚

肉質のたんぱく質の構成アミノ酸の主成分はグルタミン酸であり、うまみ成分のイノシン酸は少ないが、活性水を利用している。健康によい豚肉として知られている。

⓫はーぶ・ぽーく

漢方粕を混ぜた飼料を与えて飼育している。風味のよい肉質である。

⓬はまぽーく

飼料に、学校給食の食べ残しやスーパーやレストランの食べ残しを飼料化したものを混ぜて与えている。肉も脂身も軟らかい。

⓭やまゆりポーク

白い脂肪と軟らかい肉質をもった豚肉である。

神奈川県内には、西部、湘南、横浜など各地に屠場があった。各地にあると場を廃止し、厚木に大きな食肉処理場をつくり、県内だけでなく、近隣の県のウシやブタを処理している。厚木は、食肉処理場があるために、新鮮な副産物も入手できるので、焼きトンの店は多い。

豚肉料理

- **しろころホルモン**　B級グルメで知られている「しろころ」は、新鮮なブタの腸の内側を外側にひっくり返して焼いた一種のホルモン焼きである。部分の焼きものである。食肉処理場があるからできる一種の焼きトンである。本来のブタの腸（シロ）は、よく洗って湯がいてから適度な大きさに切断し、串を刺して焼くのであるが、しろころは、腸の内側を外へだしても脂肪が残る。

- **高座豚の味噌漬け**　県央は稲作に不向きで、麦と芋しか穫れなかった。しかし、この麦と芋はブタの格好の飼料となり良質のブタが生産された。豚肉の味噌漬けは「とん漬」ともよばれる。とくに高座豚のロースの味噌漬けが人気。神奈川の名産の一つである。それぞれの店の漬物用の味噌作りは独特である。やや甘味のある味噌に漬けこみ7日頃が食べごろ。高座豚は、高級ハム・ソーセージにも加工されている。

- **高座豚のハム・ソーセージ**　厚木市には近代的な食肉処理場と加工場があるので、厚木市には食肉加工場が多い。食肉販売店で、高座豚のハム・ソーセージを作る設備をもっているところが多い。

- **しゅうまい**　広東語のシューマイが言葉の起源。横浜中華街は1859（安政6）年の横浜の開港とともに始まる。中国人居留者は山下町の一角に集団で居住したため、その一帯を"唐人町"とよんだ。中国人の鮑寿公氏の「博雅亭」が日本人好みのシューマイに改良した。横浜中華街があるので横浜名物には中華料理があげられている。横浜市内の主な駅には、崎陽軒のしゅうまいやシュウマイ弁当の専門の売店がある。

- **肉饅頭（豚まん）**　横浜中華街のレストランでは、肉饅頭を販売している店が増えた。観光客の中には、店先で熱々の肉饅頭を求め、歩きながら食べる光景が多くみられるようになった。中華饅頭の中のあんには小豆餡、ごまだれ餡などがあるが、本格的な中華饅頭はひき肉や刻みタマネギを具にしたものである。

- **厚木のころ焼き**　食肉処理場から仕入れたブタの腸を裏返して、鉄板で焼いたものである。B級グルメとしては人気のもつ焼きである。普通、焼き鳥店では、腸（＝しろ）は湯がいて使用するが、厚木のころ焼きの腸は、内部の脂肪を残して焼くので、食感がよい。

知っておきたい鶏肉と郷土料理

❶三浦地鶏

　三崎養鶏場が飼育している地鶏（シャモ系統）。コメを混ぜた飼料を与え、平飼い鶏舎で飼育している。肉も卵も地元レストランをはじめ、料亭、イタリアン、フレンチに利用されている。

❷湘南地鶏

　辻堂鵠沼の湘南の飲食店の有志が、「湘南ワンダーファーム」を作り、飼育しているシャム系の地鶏。飲食店では湘南地鶏の「レバーのささっと焼き」「砂肝のブラックペッパー焼き」「鳥の塩麹焼き」などを用意している。

- **串焼き焼き親子丼**　三崎にある「地鶏屋」は三浦地鶏の串焼きや三浦地鶏の肉と卵を使った親子丼を提供している。

知っておきたいその他の肉と郷土料理・ジビエ料理

　神奈川県の西部に位置する丹沢山の麓の温泉旅館では、古くからイノシシ鍋を提供している。近年、野生のイノシシやシカによる山林、田畑の被害が多くなってから、これら獣の駆除対策に苦労している。

- **猪肉**　丹沢など山間部では、昔から「イノシシ鍋」は「牡丹鍋」として名物である。とくに、温泉旅館の定番料理の一つであった。最近は、どこの県でも山には餌がなくなりそのために野生のイノシシによる田畑の被害が多くなった。神奈川県でも、生息数の調整のためにイノシシを捕獲したいが、猟師やその後継者が少なくなり、なかなか捕獲も難しい時代となっている。さらに、捕獲したイノシシの食べ方が分からないので、利用に苦労している。

- **牡丹鍋**　丹沢山系で捕獲したイノシシは、味噌仕立ての牡丹鍋で食べる。イノシシの肉の他、野菜類ではダイコン、ニンジン、ささがきゴボウ、シイタケ、ネギ、セリ、三つ葉、焼き豆腐、白滝などを使う。地域の祭りのような場合も、地域の人々によって牡丹鍋を作り、あつまった人々に振る舞うこともある。大山の修験者や信者の好物であった。

- **うずわの鹿煮**　神奈川県西部の足柄下郡一帯で食べられていた郷土料理。"うずわ"はマルソウダ鰹のことで、小田原地方の呼び名。本来は鹿肉

を使ったが、なかなか入手できなくなり、鹿肉のように赤身の多い"うずわ"で代用するようになり、「鹿煮」という言葉だけが残った。うずわは、魚の臭いを消すために油で炒めてから使う。一緒に煮る野菜は青ネギが主で、しらたきを加えてすき焼き風に醤油と砂糖で味付けする。

地　鶏

▼横浜市の 1 世帯当たり年間鶏肉・鶏卵購入量

種　類	生鮮肉（g）	鶏肉（g）	やきとり（円）	鶏卵（g）
2000 年	43,012	11,447	2,315	32,874
2005 年	40,991	10,965	2,603	27,889
2010 年	45,832	15,023	2,541	28,128

　神奈川県県庁所在地の横浜は文明開化の地として知られ、明維維新になり肉食が解禁された時に、肉屋が牛鍋屋を開き、文明化を論じる識者が大いに利用したといわれている。日本に西洋の文化が入ったのは長崎や神戸であるという説も歴史的には当然のことであるが、関東地方では横浜であることは動かせない。

　横浜の食肉文化をたどると、市内には明治時代からのすき焼き店があり、いまだに繁盛している。そのなかの一つの店は、小さな平鍋でつくる味噌仕立ての料理を出す。これがすき焼きでなく、明治時代から続いている牛鍋を思い浮かべる。川崎は工業地帯の中心なので、物価の安い店や安価で食べられる店も多い。1 年に一度は、食肉関係のフェスティバルを行い、食肉が安価で提供するが、鶏肉と鶏卵の出店数が少ない。

　神奈川県の B 級ご当地グルメで話題になるのは、「厚木のシロコロ・ホルモン」である。この材料は、鶏の副生産物でなく、豚の副生産物の腸の部分である。これまでのやきとりでは、腸は丁寧に洗い湯がいてから串に刺して焼くのが定番料理であるが、厚木のシロコロは腸を適当な長さに切り、内部の脂肪を残したまま裏返しして、網焼きしたもので、脂肪の軟らかさと甘味が人気となっているのである。

　横浜には中華街があり、川崎にはコリアンタウンがあり、業務用の食肉の利用は多いが、家庭での食肉の購入量には反映していない。年代によって少々の差はあるが、やきとりの 1 世帯当たりの購入金額は、川崎市よりも横浜市のほうが多い。川崎市民は勤め帰りに居酒屋でやきとりを食べるが、横浜市民はデパートや商店街で惣菜としてやきとりを買う機会が多い

ように思われる。

▼川崎市の1世帯当たり年間鶏肉・鶏卵購入量

種　類	生鮮肉（g）	鶏肉（g）	やきとり（円）	鶏卵（g）
2000年	37,316	10,298	2,545	26,467
2005年	40,864	11,229	2,534	25,988
2010年	46,692	14,911	1,960	27,983

　2000年から2010年までの10年間の生鮮肉の購入量をみると、横浜市も川崎市も2010年には、2000年の購入量より多くなっている。この傾向は鶏肉でも同じようであるが、横浜市の2005年の購入量は減少する。川崎市は生鮮肉も鶏肉も2000年よりも2005年の購入量が多く、2010年の購入量は2005年のそれよりも多くなっている。家庭での購入量が多くなっているのは、外食での肉の利用が少なく、家庭での食事回数が増えたことを示しているものと推定する。

　鶏卵も購入量については、横浜市の1世帯当たりの購入量は2000年から2010年にかけては、徐々に減少の傾向がみられるが、川崎市の1世帯当たりの購入量は2005年は、2000年と2010年よりも少なくなっている。なお、2010年の購入量は2000年よりも多い。

　神奈川県の銘柄鶏はなく、近隣の銘柄鶏の鶏肉を利用している。豚については高座豚、牛については葉山牛がある。

　源頼朝（鎌倉幕府初代将軍、在職1192〜1199）が鎌倉に幕府を置き、鎌倉時代後半には建長寺や円覚寺などの有力な禅寺を置き、禅文化の中心とした。この時代に中国最新の文化である禅文化の発信地となったことは神奈川県域の住民に新しいもの好きの気質を身につけさせたらしい。その性質は明治維新による新しい感覚の導入に影響していて、横浜での外国文化の導入を結び付けたと思われている。

知っておきたい鶏肉、卵を使った料理

● **蟹オムレツクリームソース**　戦前に創業したクラシックホテルの箱根富士屋ホテルで人気の"富士屋ブレックファースト"の定番料理。長年受け継がれた味が人気。

● **坦々焼きそば**　湯河原町のご当地グルメ。練り胡麻や豆板醤で作った独

特のピリ辛味がくせになる具が多めの焼きそば。中央に温泉卵か目玉焼きを載せる。オムレツ風に卵焼きで包む店や地元産の柑橘類を使う店もある。ピリ辛の焼そばと卵の相性が良い。湯河原温泉は、狩で傷ついた狸が発見して傷を癒したと伝わる。湯を発見した狸にちなみ、広く知られている「たんたん狸」の歌から"坦々"とした。なお、狸福神社は狸が傷を癒したと伝わっている。

- **黒たまご**　箱根名物。箱根の大涌谷の温泉と蒸気で蒸し茹でにした、殻が黒い名物のゆで卵。1個食べると7年寿命が延びるといわれている。鎌倉時代、大涌谷に延命と子育ての"延命地蔵尊"がつくられ、これにあやかり「黒たまごを食べると寿命が延びる」といわれるようになった。7は七福神など縁起が良い数字なので、いつ頃からか"7年延びる"といわれるようになった。大涌谷は箱根の観光スポットで、アニメの"エヴァンゲリオン"にも登場する。ヨード卵を使った、同じく殻が黒い温泉卵も箱根周辺のお土産屋で販売されている。

- **小田原おでん**　おでん種の種類の多さが特徴のご当地グルメ。目の前の相模湾で獲れる豊富な海の幸に恵まれる小田原は蒲鉾などの練り製品でも有名。地元の老舗の蒲鉾屋と地元商店が開発した40以上あるオリジナルのおでんだねが特長。定番の卵や大根のほかに、練り物でうずらの卵を包んだ物や地鶏つくねなどもある。いろいろな味を楽しめるように、一口サイズにしてある。小田原特産の梅を使った"梅味噌"をつけていただく。おでんのルーツは青森県の項を参照。

卵を使った菓子

- **二色玉子**　錦玉子のように、裏ごしにしたほろほろの卵の黄身で、白身を包み込み、三盆の松の形を模した上品な甘みの蒸し物。鎌倉の井上蒲鉾の商品で、外側の黄色と内側の白色のコントラストが美しい。会席や慶事、お茶うけに使われる。

- **ありあけ**　卵を使った銘菓。卵を使いしっとり焼いたカステラ生地で、厳選された栗をふんだんに使った白餡を包み込んだ焼き菓子で、横浜で長年愛され続けている銘菓㈱ありあけが作る。

- **かまくらカスター**　卵風味のふわふわスポンジに、卵たっぷりのとろけるようなカスタードクリームを詰めた鎌倉ニュージャーマンが作る焼き

洋菓子。シュークリームとショートケーキの美味しさを一緒に楽しみたいという発想から生まれた。シュークリームの「シュー（chou）」はフランス語で「キャベツ」の意味で、「クリーム」は英語。別々の国の言葉から日本で出来た造語。ちなみに靴は「shoe」。

- **アイスクリン**　日本で初めて製造販売されたのは、1869（明治2）年の横浜の馬車道で、牛乳、卵、砂糖を原料とした。発祥地の記念として「太陽の母子像」が馬車道に建てられている。

たまご

- **相模の赤玉子**　ヒナから育て卵を産ませて製品化まで一貫した品質管理で行っている。飼料へのこだわりもさることながら、自然豊かな愛川町の恵まれた水を使用。味はもちろん、殻も非常に綺麗なのでお土産にも合う。神奈川中央養鶏農業協同組合が生産する。
- **ヨード卵・光**　言わずと知れたブランド卵のパイオニア。今から40年近く前の1976（昭和51）年に発売。世界初といってもよいネーミング卵。ヨード卵を使った健康効果の研究は半世紀にわたる。脂質や糖の代謝からアレルギー、発毛育毛にまで、その効果は及ぶという。グルメとヘルシーを両立した卵。横浜に本社が在る飼料メーカーの日本農産工業が作り全国で販売する。
- **黄味自慢**　専用飼料にマリーゴールドを配合。黄味の色は料理をしても変わらない綺麗なオレンジ色なので、料理の彩を良くする。横浜に本社が在る飼料メーカーの日本配合飼料が販売する。

その他の鳥

- **ダチョウ飼育**　相模原市。だちょう牧場オーストリッチが飼育し、肉と卵を販売している。（ダチョウについては付録1も参照）。

県鳥

カモメ、鴎（カモメ科）　冬鳥。名前の由来は、カモメの幼鳥の羽模様が、竹かごの網目（籠目）に似ていたからという説と、「かしましく（カマ）群れ（メ）飛び交っている」様子のカマメ、かもめとする説が有力。日本の海の玄関「横浜港」を持つ神奈川県にふさわしい鳥として制定された。

汁　物

汁物と地域の食文化

　箱根や丹沢のような山地、江の島・鎌倉から小田原に沿った湘南地域、東京湾や相模湾に面する三浦半島がある。山菜の山地もあれば、三浦半島のように魚介類にも野菜類にも恵まれている地域がある。湘南地区の小田原は、古くから蒲鉾や梅干しの生産地で、箱根山から下山してきた人々（かつては武士や商人）に梅干しや蒲鉾などの魚介類の加工品を提供していた。魚介類の水揚げ量が多いので、各家庭や集まりではアジ、イワシのつみれ汁を食べた。冬の寒ブリの季節には、ぶりの粗汁や粗煮の利用が多い。

　山梨県に接近している地域では家族間の交流が親密で、食材や料理の交換も頻繁に行われている。昼には、お互いに持ち込んだ料理で、囲炉裏を囲み団欒の時間を作っている。

　江戸時代の終わりから明治時代に向かって導入した文明開化の影響を受け、中華街を中心に日本語、オランダ語、英語、中国語の入り混じった貿易地域として発達した。そのため、料理もいろいろな国の料理が入ってきているに違いない。昔のラーメンの形は知らないが、日本人向けのラーメンという汁物となった。日本料理にはないフカヒレスープは、味付けばかりでなくその食感に、多くの人ははじめて食べた時に驚いたと思われる。今でこそ驚きはしないが、明治時代に中華風スープという汁物を経験した人は、世界の料理は違うということに目覚めたに違いない。

汁物の種類と特色

　鎌倉市の建長寺は、「けんちん汁」（「建長寺汁」の別名もある）の発祥の地といわれている。筆者の知人で建長寺派の小さな寺「禅居院」の住職（田原知三氏）の話によると、建長寺の修行僧のための食事をつくる典座が、食材がない時に、「使い残した豆腐・コンニャクの他、ニンジン、ダイコン、サトイモを水で綺麗にし、細かく切ってゴマ油や菜種油で炒めてから煮込

み、最後に味噌や醤油仕立ての汁物にしたものである」と説明してくれた。精進料理なので、かつお節や煮干しのだし汁が使えず、シイタケ、昆布などのだし汁か野菜だしを使った。鎌倉は三浦半島の三浦ダイコン、カボチャなどの入手が容易だったので、鎌倉の各寺院の精進料理の材料に使われたと思われる。

東京湾、太平洋、相模湾に面している三浦半島や、相模湾に面する湘南各地の各漁港には新鮮な魚介類が水揚げされる。各漁港に近い漁師の家庭では、郷土料理としては継承されていないが、独自の魚介類の粗汁を食べていることは想像できる。

丹沢山系などの山間部の温泉地区では、捕獲した野生のイノシシを利用した「イノシシ鍋」がある。足柄地区の祭りなどでは、各地区で大きな鍋でイノシシ鍋を作り、地域の人々が互いに分け合うこともある。大山の山頂には「大山阿夫利神社」が祭られている。大山詣でには、丹沢山系の清水で栽培された大豆から作る豆腐料理がある。この中に「豆腐の味噌汁」や「湯豆腐」がある。

明治の初めの文明開化とともに「食肉禁止」が解禁されると、生まれたのが「牛鍋（ぎゅうなべ）」である。当時の牛鍋の名残が感じられるのは、明治の初めに創業した横浜の「太田なわのれん」のすき焼きは、味噌味のすき焼きで、牛肉はさいころ型に切ってある。

横浜の中華街の中華料理店で提供される数々の汁物は日本料理ではないが、日本人の味覚に新しい感覚を与えた料理となっている。たとえば、フカヒレスープ、卵スープ、コーンスープなどがある。

食塩・醤油・味噌の特徴

❶食塩の特徴

かつては、旧日本専売公社が小田原近郊の海浜地区で食塩をつくっていたが、現在は神奈川県産の食塩はない。

❷醤油の特徴

相模川、中津川の上流や中流は、発酵に必要な水が潤沢なため醤油・味噌の醸造会社が集中している。その中で、横浜市神奈川区で古くからの伝統のある製法を受け継いでいるのが横浜醤油という小規模の会社である。時代の流れに沿って「食べる醤油」「醤油麹」「醤油麹＋マヨネーズ」（ド

レッシング）なども開発している。

❸味噌の特徴

　丹沢山系の水は、日本酒、味噌や醤油の発酵食品の製造に適している。味噌の製造は厚木・相模原・伊勢原の各地に集中している。「横浜こうじ味噌」「江戸甘味噌」などは、古くからつくられている。

1992年度・2012年度の食塩・醤油・味噌の購入量

▼横浜市の1世帯当たり食塩・醤油・味噌購入量（1992年度・2012年度）

年度	食塩（g）	醤油（mℓ）	味噌（g）
1992	2,287	9,925	8,329
2012	1,498	6,187	6,924

▼上記の1992年度購入量に対する2012年度購入量の割合（%）

食塩	醤油	味噌
65.5	62.3	83.1

　横浜市の1世帯当たりの1992年度の食塩・醤油・味噌購入量に対する2012年度の購入量は東京都区内の購入量に比べて減少率は少ない。とくに、2012年度の味噌購入量の割合は1992年度に比べて83.1％であった。このことは、自治体や食改善団体などによる減塩運動は、味噌の購入量に大きく影響していない。おそらく、毎日、一度は味噌汁を喫食しているのではないかと推定している。

　家庭での麺類のだし醤油は、めん類に添付されているだし醤油や市販のだし醤油を使用しているので、「醤油」のカテゴリーでは、2012年度の購入量が減少していると思われる。食塩の購入量の減少は、自家製の食塩だけを使った漬物を作らなくなったことが要因の一つと考えられる。

地域の主な食材と汁物

　三浦半島や湘南地区の漁港には、東京湾の入口海域、太平洋の沖合、相模湾などの豊富な魚介類が水揚げされる。温暖な三浦半島の内陸部は農作物に適している。気候温暖な湘南地区は、丹沢へ続く平地での農作物の栽培に適している。

主な食材

❶伝統野菜・地野菜

　三浦ダイコン、大山菜（大山そだち）、湘南（千住系のネギ）、神奈川ブランド農作物（からし菜、トウガン、キャベツ、津久井大豆（→味噌・醤油・豆腐）、カブ、ダイコン、小松菜、鎌倉野菜）

❷主な水揚げ魚介類

　カジキ、マグロ類、アジ、サバ、養殖（ワカメ、ハマチ）

主な汁物と材料（具材）

汁　物	野菜類	粉物、豆類	魚介類、その他
ちゃうろ	ニンジン、タマネギ、ジャガイモ		アイナメ、醤油仕立て
建長寺汁（けんちん汁）	季節の野菜、青菜		ゴマ油、醤油仕立て
ごった煮	ダイコン、ゴボウ、ニンニク、サトイモ	油揚げ、豆腐	油脂、醤油仕立て
牡丹鍋（イノシシ鍋）	ダイコン、ニンジン、ゴボウ、シイタケ、ネギ、セリ、三つ葉		コンニャク、イノシシ肉、味噌仕立て
牛鍋	ネギ、春菊		シラタキ、味噌仕立て
三浦ダイコン汁	三浦ダイコン		味噌汁
三浦キャベツ汁	キャベツ		味噌汁
伊勢原大山豆腐汁		豆腐	

郷土料理としての主な汁物

　三浦半島や湘南地区の海産物に恵まれた地域では、海産物を利用した郷土料理や伝統食品が発達している。

　平地では伝統野菜も栽培されているが、鎌倉・湘南地区の農家が丁寧に栽培した野菜の評価も高い。一方、丹沢山系の麓の田畑で栽培した野菜や大豆は、豆腐を利用した郷土料理、丹沢山系で捕獲したイノシシの鍋に使われている。伝統食品の「小田原蒲鉾」は天明年間（1781〜89）に作ら

れるようになった。小田原の梅干しは、北条早雲（1432～1519）が小田原・蘇我での梅の栽培を奨励したのがはじまりである。

- **イノシシ鍋**　丹沢山系で捕獲されたイノシシを使って、東丹沢の七沢温泉旅館の冬の定番料理としてイノシシ鍋が提供されている。現在も足柄など丹沢山系の近くの市町村の祭りの時には、味噌仕立てのイノシシ鍋を参加者に無料で提供している。イノシシ肉をネギ、白菜、サトイモなど地元の季節の野菜とともに、味噌味に仕上げる鍋である。

- **けんちん汁**　各地で祭りや収穫の祝いの時などにけんちん汁を作る。けんちん汁のルーツは鎌倉の建長寺の禅僧のために作られた食事で、「建長寺汁」が「けんちん汁」なったという説、中国から帰国した禅僧が伝えた普茶料理の一つで「巻織（ケンチェン）」（豆もやしをごま油で炒め、塩・醤油で味を調えたもの）の汁物という説がある。寺院の料理担当者・典座がゴマ油で炒め、風味を良くし、栄養のバランスの良い汁物として、考案された汁物である。精進料理の一つなので、動物性の食品は使わず、野菜、高野豆腐および加工品を使い、味付けは味噌または醤油であり、だし汁はシイタケや野菜のダシである。けんちん汁に使う材料からでも十分にうま味成分が汁の中に入るので、特別にだし汁を使わなくてもよい。

- **牛鍋**　横浜に最初に牛鍋が現れたのは、1862（文久2）年に「伊勢熊」という居酒屋で牛肉の煮込みを出したところ大盛況であった。これが、最初の牛肉屋の登場といわれている。牛鍋をより一層美味しくした味噌味の牛鍋屋（今はすき焼きやといっている）が「太田なわのれん」である。

- **サンマーメン**　ラーメンブームになってからは、神奈川県の郷土料理として紹介されることが多い。多摩川と大井川の海沿いのエリアだけのめん類である。以前は東京都内の中華料理店で見かけたこともあったが、ラーメン専門店の独自の主張が強くなったのか、レシピからは消えてしまった。

- **ちゃうろ**　三浦半島の郷土料理で、「ちゃろう」は三浦半島の地域の方言のようである。アイナメのウロコ、内臓を除いたものを、そのまま鍋に入れ、ニンジン、タマネギ、ジャガイモなどと、水を入れて煮込み、味は醤油で付けたものである。寒い時に、熱い汁をご飯とともに食べる。

伝統調味料

地域の特性

▼横浜市の1世帯当たりの調味料の購入量の変化

年　　度	食塩（g）	醤油（ml）	味噌（g）	酢（ml）
1988	3,979	14,920	12,251	2,482
2000	2,353	8,417	7,981	2,558
2010	1,380	4,902	4,830	3,602

　安政6（1859）年、日本の玄関口として外国にその門戸を開放した横浜は、神奈川県の中心地として発展してきた。江戸時代まで半農半漁の横浜は、外国からの公使・領事らの居留地であったことから、中国人をはじめとする外国人が住むようになった。中国人の居留地には中華街があり、横浜の日本人の食事内容にも影響を及ぼすようになった。文明開化を意味する牛鍋も横浜で生まれた。明治2（1869）年には西洋人のための西洋割烹が誕生している。このような食生活の変化は、日本独特の調味料の醤油や味噌のほかの調味料も普及したと推定される。

　神奈川県の伝統的な食品には、小田原の蒲鉾、曽我の梅などがある。蒲鉾をつくるには魚肉に塩を加えて摺ることにより魚肉は糊状になる。これを加熱して固めたのが蒲鉾である。梅は梅干しに加工し、立派なお土産となっている。梅干しをつくるにも大量の塩を要する。小田原の目立たない名物の「いかの塩辛」も塩を必要とする。このように塩の消費量の面や、海水からの製塩のためには地の利などからか、かつては小田原に製塩工場があった。横浜市の1世帯当たりの食塩・醤油・味噌・酢の購入量は、東京と同じ傾向がみられる。これは都市生活者の傾向なのかもしれない。食塩が含まれている調味料の購入量が少なくなっているのは、他県とも同じ傾向である。

　文久2（1862）年に、横浜に最初の牛鍋屋が現れた。伊勢熊という居酒

屋で、牛肉の煮込みを始めたところ大盛況であったと伝えられている。調味料の面では、醤油ベースの味付けをしたと考えられる。明治元年に横浜で本格的な牛鍋を始め、現在も盛況な老舗の「太田なわのれん」の牛鍋は味噌仕立てである。丹沢の麓の温泉地の名物にはイノシシ鍋（牡丹鍋）がある。イノシシの獣臭さを緩和するには味噌仕立てがよいので、この牡丹鍋は味噌ダレで煮込む鍋である。

　鎌倉は寺院の街として知られている。寺院の精進料理をイメージする。仏教での精進とは、美食を戒め素食をし、悪行を去り善行を修めることであるという。そのために、魚介類・肉類は取り入れずに、穀類・野菜・海藻だけの料理をつくり、精進入りをするという非常に質素な食事である。この質素な食材を美味しく食べるのに工夫したのが「だし」である。海藻のだし、野菜のだしを上手に生かしたのが精進料理であり、その工夫は寺院の料理役の典座（てんぞ）である。かつては、鎌倉の海で漁獲した魚介類は江戸へ運んだ・その残りの魚介類を酢・砂糖・みりん・酒で調味し、漬け込んだ「鎌倉漬け」があった。

知っておきたい郷土の調味料

醤油・味噌

　神奈川県に酒の醸造の蔵元が10軒もあるのは、相模川、中津川の上流や中流があり、発酵に必要な水が潤沢であるからと思われる。このことは、神奈川県内の醤油・味噌などに使われる麹の酵素作用にもよい影響となっていたに違いない。酒の蔵元は、丹沢山麓など神奈川県の西部に集中している。醤油・味噌の醸造場は横浜市内だけでなく、相模原、小田原、厚木、清川村などに集中している。

● **古くからの横浜醤油**　神奈川県には丹沢山系の湧水の恩恵を受けた醤油蔵や味噌蔵は多い。神奈川県内には、醤油醸造会社が13社がある。横浜港に近い神奈川区には横浜醤油㈱があり、古くからの伝統を守って製造しているほか、時代の流れに沿って醤油をベースにした食べる調味料も製造販売している。醤油づくりは丹沢山系に由来する水でなくても醤油づくりができるようである。茅ヶ崎市の熊沢醸造は、古くから地ビール、清酒を醸造し、地元に密着して発展してきている。海に近い葉山町

でも葉山商店が醤油を作っている。

- **味噌づくりも横浜市内に**　神奈川県内には、味噌蔵は10社がある。横浜市内の味噌蔵は4社であり、ほとんどの味噌蔵は厚木、相模原、伊勢原など西部の山間部に集中している。神奈川区の合資会社小泉糀屋は自社の糀を使った甘味のバランスのよい味噌を「横浜こうじ味噌」のブランドで販売している。工場が神奈川区（本社は品川区）の日本味噌㈱は、創業明治14（1881）年で、赤系または白系の「江戸甘味噌」、粕漬けの漬け床の味噌・粕なども製造している。

たれ・ソース

- **神奈川県のソース・たれ**　神奈川県内の食品会社も料理店もそれぞれが独自にソースを開発している。ハンバーグ類の肉料理のたれ、トウガラシを入れた辛味のソースやたれ、パスタに合うトマトソースなど多彩である。また、既製のサラダドレッシングも会社やデパートへ出店している店でも開発している。
- **薬膳ソース**　鎌倉市の三留商店が中国の医食同源に基づいたソースである。ソースの原料には、野菜・果実トマト・リンゴ・醸造酢・砂糖・食塩・香辛料（ハッカク・桂皮・ローレル・タイム・ウコン・タイソウなど）が含まれている。コクと甘味が口中に残り、後味がさっぱりしてキレがある。フライものに合う。

食塩

　かつて、小田原には現在の塩事業センター（旧専売公社）の製塩場とその研究所があった。国の組織改善や製塩事業の民営化に伴い廃止された。小田原の沖から汲んできた海水を煮熟して水分を蒸発させてから、塩の結晶を調製した。

- **鎌倉の塩**　小規模な手作りの塩である。鎌倉市大船の山間部に住んでいる五十嵐という方が、定年後、鎌倉市の小坪（相模湾で漁獲された魚介類の水揚げ漁港がある）の水産会社が水揚げした魚の生け簀用に汲み上げてくる海水を分けてもらって、家庭で手作りした食塩。使用する海水は、小坪の漁港から200m沖の水深5mの位置で水揚げしたものである。
- **鎌倉山のシェフの塩**　鎌倉市の「鎌倉山」という料理店のローストビー

フは人気の料理である。ローストビーフは、調味料は塩かシンプルなソース（おろしショウガを添える）で賞味する。食塩のようにシンプルな調味料で食べるのがベストな食べ方である。そのために、牛肉のうま味を引き出す食塩にこだわるシェフは多い。鎌倉山のローストビーフ用の食塩は、鎌倉山のシェフと沖縄の㈱青い海と共同で開発した食塩である。食塩の粒子はやや大きく、サラサラしていて美味しい。牛肉のステーキやローストビーフは、普通の塩に比べてやや大きめの粒の塩を肉の上にのせて、塩が馴染んだタイミングで食べるのが、牛肉を美味しく食べる方法である。

郷土料理と調味料

- **蒲鉾と塩**　蒲鉾は魚のすり身を加熱し、弾力性のある食品となったものである。すり身は、細かくした魚肉に食塩を加えて摺ると、魚肉たんぱく質が糊状になる。魚肉に食塩を加えて摺っている間にたんぱく質のミオシンやアクトミオシンが糊状になるのである。これによって加熱すると糊状のたんぱく質は、網目構造を形成するので弾力性が発現して蒲鉾となる。
- **梅干しと塩**　小田原の梅干しは、梅の果実を塩漬けし、乾燥を繰り返してつくる。特有の酸味はクエン酸やリンゴ酸である。梅干しの塩分濃度が高いので、食べ過ぎは塩分の摂り過ぎとなり、健康に悪影響を及ぼすといわれ、最近は塩分濃度は少なくなっている。

発　酵

ビール発祥の地

◆地域の特色

　関東地方の南西端に位置する。東京大都市圏の一角を成し、人口は東京都に次ぐ2位である。政令指定都市は、横浜市、川崎市、相模原市の三つと全国最多である。県西部には丹沢山系が広がり、秦野盆地、酒匂川を挟み、南西部には箱根火山がある。県央部は相模川と境川に挟まれた相模平野、県東部は多摩丘陵、三浦半島で構成されている。

　年平均気温は約16℃、年降水量は1600mm前後で、夏は高温多湿、冬は乾燥した晴天の日が続き冬には山地帯は降雪し、平野部には北西からの季節風が強く吹く。

　大消費地に近接しており、キャベツ、ダイコンなどの野菜、牛乳、豚肉、花卉の生産が盛んである。果樹はナシおよびミカンの生産が多い。漁業は三浦半島の漁港を中心に行われ、マグロ延縄による遠洋漁業と大型定置網による沿岸漁業が盛んである。

◆発酵の歴史と文化

　横浜はビール発祥の地である。1869（明治2）年、横浜のフェリス女学院高校の向かいになる山手居留地46番にて、居留地の外国人向けにアメリカ人のローゼンフェルトが、日本初のビール醸造所「ジャパン・ヨコハマ・ブルワリー」を開設したのが始まりであるが、その後5年ほど操業したのち閉鎖された。

　翌年（1870年）、山手の外国人居留地123番に、ウィリアム・コープランドがビール醸造所「スプリング・バレー・ブルワリー」を開業した。コープランドの廃業後もビール醸造が継続され、のちのキリンビール株式会社へとつながる。今でもこのときに使われていた「ビール井戸」が横浜市北方小学校に残されている。この地には、日本の麦酒発祥の地の記念碑が立っている。

なお、日本国内で最初に醸造されたビールについては、1812（文化9）年に長崎出島でオランダ商館長ヘンドリック・ドゥーフがビールを醸造した記録が残っており、これが国内で最初に醸造されたビールとされている。

◆主な発酵食品

醤油
　一般的に、キリッとした味と香りが特徴の濃口醤油（こいくち）が好まれる。横浜醤油（横浜市）、福來醤油（川崎市）、井上醤油（相模原市）、峰尾醤油醸造所（中郡）、ヤマニ醤油（中郡）などで造られている。

味噌
　小泉麹屋（横浜市）、井上こうじ店（厚木市）、岩澤醸造（愛甲郡）、加藤兵太郎商店（小田原市）などで伝統的な米味噌などが造られている。

日本酒
　県西部の相模川と酒匂川の流域で、規模は大きくないが特徴のある日本酒を造る蔵が存在する。1789（寛政元）年創業の井上酒造（足柄上郡）、1825（文政8）年創業の中澤酒造（足柄上郡）のほか、泉橋酒造（海老名市）、熊澤酒造（茅ヶ崎市）、大矢孝酒造（愛甲郡）など、12の蔵がある。

焼酎
　座間市では5haの土地に50万本のヒマワリが植えられており、このヒマワリを利用した特産品として2003（平成15）年からひまわり焼酎が販売されている。

ワイン
　日本国内で流通している国産ワインの製造量の大半は神奈川県で製造されており、その90％は藤沢市にあるメルシャン藤沢工場で製造されている。国税庁の発表によると、1位神奈川県、2位栃木県、3位山梨県、4位岡山県、5位長野県、6位北海道、7位山形県、8位岩手県、9位愛知県、10位新潟県である。国産ワインとは、輸入された果汁を使って国内で製造されたワインも含まれる。ちなみに、国内産のブドウを使った日本ワインの生産量では、1位山梨県、2位長野県、3位北海道、4位山形県となっている。

ビール
　キリンビール横浜工場（横浜市）、アサヒビール神奈川工場（南足柄市）がある。クラフトビールとしては、厚木の特産「赤シソ」を用いたビールを造る厚木ビール（厚木市）、厚木産「カボス」を使用して仕込んだ「かぼすのビール」の黄金井酒造（厚木市）のほか、湘南ビールを造る熊澤酒造（茅ヶ崎市）、横浜ビール（横浜市）、鎌倉ビール（鎌倉市）、

小田原鈴廣箱根ビール醸造所（小田原市）など各地にある。

ヨーグルト 明治ブルガリアヨーグルトは、国内のヨーグルト市場の約3割を占める国民的ブランドである。また、製法と商標がブルガリア政府に認定されている「ブルガリアヨーグルト」である。明治神奈川工場（茅ヶ崎市）で生産されているため、神奈川県は全国一のヨーグルト生産県である。

くず餅（久寿餅） 小麦粉から精製したデンプンを乳酸菌で発酵させたものであり、独特の風味がある。川崎大師の参道には、6軒ほどのくず餅屋が並んでいる。

小梅漬け 小田原で穫れる小梅を1カ月くらいかけて少しずつ塩を加え1年ほど塩漬けにしたものである。

桜の花漬け 七分咲きの八重桜を塩と梅酢で漬け込んだもので小田原の名産である。熱い湯に浮かべて味わう「桜湯」は、花びらが広がり、優雅な香りが漂う。結婚式などハレの日に出される。

塩辛 海が近く、良質な漁港をもつ湯河原、真鶴地域には、多くの水産加工会社があり、新鮮なイカを使って各店それぞれの独自製法で作られている。

酒まんじゅう 相模原の伝統菓子で、酒種を使って皮を発酵させるのが伝統的な製法である。

◆発酵食品を使った郷土料理など

しらす丼 鎌倉や江ノ島、茅ヶ崎の名物として知られている、新鮮な生シラスをご飯にのせたものである。海苔、ネギ、青ジソなどの薬味をのせて、醤油やタレをかけて食べる。

サザエのつぼ焼き 相模湾で獲れるサザエを貝殻ごと焼いて食べる。江ノ島周辺の飲食店での定番料理である。醤油やみりんを入れて焼き始めると、たちのぼる磯の香りがなんとも食欲を誘う。

かんこ焼き 小麦粉で作った生地を少し発酵させ、フキ、シメジ、クリ、アズキ、カボチャ、サツマイモ、切り干し大根、漬物などを具として包んで、軽く焼いた後にふかして作る。おやきなどと似た料理で相模原市津久井地区に伝わる郷土料理である。江戸時代に、味噌などを地粉の皮で包んで焼き、昼食に食べていたのがもとであるといわれる。

◆特色のある発酵文化

横浜オクトーバーフェスト（横浜市）　オクトーバーフェストは、ドイツのミュンヘンで1810年から開催されている、世界最大のビール祭りである。「横浜オクトーバーフェスト」は、開催地である横浜赤レンガ倉庫がドイツの建築様式を取り入れた歴史的建造物であることから、本場ドイツに近い雰囲気を楽しめるオクトーバーフェストとして2003（平成15）年から開催されている。

◆発酵にかかわる神社仏閣・祭り

富岡八幡宮（横浜市）　祇園舟神事　7月に開催される800年以上の歴史をもつ神事で、麦のだんご（しとぎ）に榊の小さな御幣を刺し、麦麹で醸した甘酒をかけ、浜降神事の祝詞が奏上される。横浜市無形文化財に指定されている。

◆発酵関連の博物館・美術館

味の素グループうま味体験館（川崎市）　味の素川崎工場に隣接し、旨みやアミノ酸についての科学的な情報を楽しい体験を交えて学ぶことができる。また、サトウキビの収穫からグルタミン酸の発酵生産までの製造工程がリアルなジオラマで紹介されている。

◆発酵関連の研究をしている大学・研究所

日本大学生物資源科学部応用生物科学科、大学院生物資源科学研究科応用生命科学専攻

　共生微生物を使った石油分解、食品劣化の原因となる菌の共生の解明などユニークな研究がなされている。

明治大学農学部農芸化学科　麹菌の研究のほか、ヨーグルトなどの発酵食品の乳酸菌に関する研究などが行われている。

都道府県トップ10　ヨーグルト生産量

　生産量トップは神奈川県の14万2539kℓで、全国合計の13.7%、2位は群馬県（12万6096kℓ、シェア12.1%）、3位は茨城県（11万9196kℓ、同11.4%）、以下4位埼玉県、5位東京都、6位京都府、7位愛知県、8位大阪府、9位広島県、10位福岡県である（2018（平成30）年政府統計の総合窓口（e-Stat）はっ酵乳生産量（都道府県別）より作成）。

コラム　くず餅と味の素

　川崎大師の名物の一つにくず餅がある。門前町の商店街には、くず餅屋が5〜6軒並んでいる。天保の頃、大師河原村に住んでいた九兵衛が納屋に蓄えていた小麦粉が濡れてしまったことがきっかけで、風変わりな餅（くず餅）ができ上がったとも伝わる。保管中に乳酸菌などによる発酵が起こり、独特の風味をもつようになった餅である。

　1914（大正3）年、池田菊苗博士が発見した旨み成分のグルタミン酸を製造するために、川崎大師のすぐ側に「味の素川崎工場」が造られた。当時、旨み調味料の「味の素」は、小麦を原料として作られていた。小麦粉を水にさらすことにより、5%ほど含まれるグルテンを取り出し、塩酸による加水分解によりグルタミン酸を製造していたのである。副産物として出る大量のデンプンは、くず餅に使われるようになった。くず餅の原材料は、偶然にも、安価でかつ大量に確保されることになり、川崎大師名物のくず餅は安くておいしいと定着していった。

　なお、「味の素」の製法は、1960（昭和35）年頃からコリネ型細菌による発酵法により生産されるようになり、その後は専門業者から原材料を仕入れている。乳酸発酵とアミノ酸発酵が取り持つ縁で、大師名物のくず餅がある。

首つなぎのぼたもち

和菓子 / 郷土菓子

地域の特性

　関東平野の南西部に位置する。北は東京都に接し首都圏の一角をなし、東に東京湾南は相模湾に面している。西側に山梨、静岡両県があり、県域は元相模国全域と武蔵国の一部で、気候は温暖である。

　人口は約900万人。東京都に次ぐ第2位で、横浜、川崎は大都市の顔をもつ一方、このエリアは京浜工業地帯にあり、県内は地域により多種多様な顔がある。北西部には、「神奈川の屋根」といわれる箱根や丹沢山塊がある。箱根は富士箱根伊豆国立公園に属し、湯河原とともに有名な温泉地。丹沢方面には県立公園も多く、鎌倉は歴史の都、横浜は港町・中華街、小田原は旧東海道の宿場町と観光地も豊富で、平成25年度の県内観光客数は、約1億8,000万人と過去最高であった。

　横浜もよいが、やはり鎌倉は歴史に彩られたさまざまな物語がある。日蓮上人1人取り上げてもドラマがあり、そこにお菓子が関係しており、歴史散歩をしながら、当地のお菓子を堪能したいものである。

地域の歴史・文化とお菓子

日蓮上人とゆかりの菓子

①日蓮上人と胡麻のぼた餅

　鎌倉・比企ヶ谷（ひきがやつ）に通称「ぼた餅寺」とよばれる常栄寺がある。日蓮宗の開祖日蓮は、独自の強い主張から何度も迫害され、1271（文永8）年9月12日、斬首の刑で龍ノ口刑場（たつのくちけいじょう）へ引き立てられた。途中、日蓮の身を案じた信者の老尼が、急だったので握り飯に胡麻をまぶしたぼた餅を鍋蓋にのせて差し上げた。日蓮は尼に篤く礼を述べてそれを食べられたそうだ。

②奇跡を招いた「桟敷の尼」のぼた餅

　やがて日蓮が刑場に連れ出され、あわや斬首というその時雷鳴が轟き、

処刑は取り止めとなり、日蓮は法難を免れたのである。

　奇跡を願った老尼は「桟敷の尼」といい、常栄寺のところに屋敷があったという。常栄寺では、以来「頸つぎのぼた餅」「難除けぼた餅」といわれ、740年後の今でも毎年9月12日に胡麻のぼた餅を作り信者に振る舞い、祖師像のある片瀬の龍口寺にお供えしている。

　常栄寺には老尼の墓があり、「桟敷の尼」とは、この地の山に頼朝が桟敷（展望台）を設けたことによっていた。

③ 龍口寺のぼた餅撒き

　龍ノ口の処刑場跡に建つ龍口寺では、日蓮法難の聖跡として毎年9月11〜12日に大法要が営まれる。寺では「桟敷の尼」の胡麻のぼた餅の故事に因み、12日早朝から講中の人たちがうちわ太鼓とお題目に合わせて餅を搗き、全国から集まる参詣者のためにたくさんの胡麻のぼた餅を作る。出来上がったぼた餅は本堂の宝前に供えられ、法要の終わった後、本堂に集まった参詣者に盛大に撒かれる。

　龍口寺の近くにはもう一つの「ぼた餅寺」がある。法源寺で、この寺は「桟敷の尼」の実家の菩提寺で、尼の木像があり、近年まで尼がぼた餅をのせた鍋蓋があったという。

　この日の胡麻のぼた餅は、「延命のぼた餅」「ご難除けのぼた餅」とよばれ、さまざまな災難から逃れる効力があると信じられていた。

④日蓮上人の「角なしさざゑ」伝説と最中

　1253（建長5）年5月、日蓮は布教のため房州の西海岸から船出し鎌倉へ向かったが、途中時化に遭い、船底の穴から海水が入って来てしまった。だが、お題目を唱えると何と大きなアワビが船底を塞いで守ってくれたという。その後横須賀の海岸に着いたが、遠浅で船が着岸できず困っていると、1人の漁師が日蓮を背負い道案内をしてくれた。ところが、さざえの角で足を傷つけてしまった。日蓮は親切な漁師を憐れみ、人々がさざえの角で怪我をしないように祈禱をすると以後、浜で獲れるさざえには角がなくなったという。

　この郷土の伝説をもとに作られたお菓子が、「角なしさざゑ最中」。横須賀市のさかくら総本家の商品で、形も愛らしく柚子餡、漉し餡、粒餡等あり心温まる郷土菓子である。

　角なしさざえは、本当は波の静かな内湾では、角がないのが普通だそう

である。

①4月8日の「草の花だんご」

　県内で「草の花」とはヨモギのことで、4月8日の花祭り（お釈迦様の誕生日）や、神社の春祭りに米の粉で「草の花団子」を作る。

　草の花は、葉先や芯のやわらかい部分を熱湯で茹でる。この時椿の葉を5、6枚入れて茹でると灰汁が取れ色よく茹でられ、これを水に取り細かに刻んで擂り鉢で摺る。蒸しておいた米粉の団子を加えてよく混ぜ、緑色の団子にする。砂糖の入った黄な粉や小豆餡でまぶし、春の香りを楽しむ。

②半夏生の焼きもち

　半夏生は、夏至（6月21日頃）から11日目の7月2日頃から、七夕（7月7日）までの5日間をいい、田植えをこの頃までに終わらせるなど農事の目安とする。

　県の西北端に位置する旧藤野町（現相模原市）では「半夏生焼きもち」を作る。焼きもちといっても収穫したばかりの小麦を使って饅頭の皮を作り、そら豆や小豆の餡を包んで焙烙で焼いたり、囲炉裏の灰の中で焼いたりする。この日には「半夏生じいさんが好物の焼もちを喰いに来る」といい伝え、神棚に供えて家族みんなで食べる。

　またこの日には畑に入らない。「昔、半夏生じいさんが小麦を刈ったまま死んでいた」からだという。この半夏生には全国的に働くことを忌んだり、ハゲンという妖怪が出没する伝説があり、この日は休養せよという昔の人のシグナルだったようだ。

③婚礼の落着

　「落着」はぼた餅のことで、県下各地の婚礼の祝い膳には、皿からはみ出るような大きな小豆餡のぼた餅を2つのせた。嫁さんがしっかり根づき、落ち着くようにとの願いが込められていた。

● ういろう（小田原市）　ういろうは名古屋が有名だが「外郎」と書き中国の苦い薬。室町初期に陳宗敬が伝え、口直しに出した蒸し菓子がその名となる。子孫が北条早雲に招かれ小田原に移住。今も薬と菓子が売ら

れている。

- **甘露梅**（小田原市）　小田原銘菓。小豆の練り餡を薄紅色の求肥で包み、梅酢漬けの赤紫蘇の葉でくるむ。梅の産地同士「水戸の梅」と似ている。

- **箱根湯もち**（箱根町）　白玉粉と砂糖を練り込んだ餅生地に、羊羹を切り入れ、柚子の香りを加え、竹皮で包んである。なめらかな餅は、まさに湯につかったやわ肌を思わせる。箱根の代表銘菓。

- **きび餅**（湯河原町）　湯河原温泉の名物。白玉粉ときび粉を混ぜて蒸し、餅にして黄な粉をまぶす。夏目漱石や島崎藤村など文化人に愛された。

- **西行饅頭**（大磯町）　大磯は西行ゆかりの地。漉し餡を包んだ黒糖入りの皮は渋い茶色で西行の焼印に趣がある。吉田茂にも好まれたという。

- **煙草煎餅**（秦野市）　葉煙草の形をした瓦煎餅。秦野市は古くより葉煙草の産地だったので、明治期にその歴史を後世ににと創製された。

- **羽二重餅**（藤沢市）　江の島周辺はかつて桑畑があり、製糸工場があった。繭を象った漉し餡の入った羽二重餅は、往時を偲ばせる「辰巳屋」の銘菓。

- **権五郎力餅**（鎌倉市）　創業300年の老舗の餅。八幡太郎義家に従った鎌倉権五郎影政の武勇を伝えるために創製された。福面まんじゅうは、影政の命日9月18日の“面掛け行列”に因んだ10種の面のカステラ風饅頭。

- **段葛**（鎌倉市）　豊島屋の銘菓。鶴岡八幡宮の参道に一段高い道があり、そこを段葛といい、黒糖羊羹を入れた玄米粉の打菓子で表している。鶴岡八幡宮の鳩に因んだ鳩サブレー・小鳩豆楽は同店の代表菓子である。

- **季節の和菓子・こまき**（鎌倉市）　1日に1種類の上生菓子だけを作る貴重な店。北鎌倉の駅近くにあって店内からは円覚寺の庭が眺められる。冬は「峰の雪」春は「桜餅」と、ファンが待ち兼ねる鎌倉の名店である。

- **シュウマイ饅頭**（横浜市）　煉り羊羹で知られる「みの屋本店」の“横浜風和菓子”。胡桃を練り込んだ白餡を、薄い饅頭生地で包み、真中のグリーンピースは練り切りで出来ている。シューマイそっくりな和菓子。

- **芭蕉**（横浜市）　「はせを」は芭蕉のことで、彼の俳句の境地を菓子に表わした「松むら」の銘菓。黒糖入りの漉し餡を小麦粉等の饅頭生地で包んだ焼き菓子。芭蕉の落款を写した焼印のみが押されたシンプルな意匠である。

- **久寿餅**（川崎市）　川崎大師名物。小麦粉澱粉を水で練り蒸した餅。黒蜜と黄な粉を掛けて食べる。門前には土産物屋とともに十数軒の店がある。
- **角なしさざゑ最中**　前出参照
- **懐かし博物館**（横浜市）　横浜の歯科医院の一角にある私設博物館。昭和を思い出させる駄菓子屋グッズ、お菓子のパッケージ、生活グッズ、玩具など数万点が展示されている。見学は要予約。

乾物 / 干物

ひじき

地域特性

　神奈川県は東京都の南に位置し、県庁所在地は横浜市である。県名は東海道筋に古くから栄えた宿場町におかれた神奈川奉行所に由来する。神奈川県の人口は東京都に次ぐ2位。県東部の横浜市、川崎市は東京湾に面した京浜工業地帯として発展し、県西部は緑豊かな丹沢山地から足柄山地、箱根山からなる。酒匂川が流れる足柄平野、相模平野、海老名など平野部は都市化が進む。相模川から流れる水は平塚から相模湾へと注がれている。また鎌倉幕府がおかれたように、歴史も古く、鎌倉市は鶴岡八幡宮、長谷の大仏、江ノ島と名跡旧所が多い。三浦半島では近郊野菜が東京湾では漁業も盛んである。

知っておきたい乾物 / 干物とその加工品

赤目　　神奈川県逗子の海は、海水浴場としての顔とは別に、豊かな漁場でもある。海岸線を囲む山や丘には手つかずの自然が残っており、雨水はやがて山や丘から栄養分を海に運び込む。そのため、山を背にした小さな入り江の岩場がゆりかごのように海の幸を育み、その恵まれた環境の中で育った天然の海藻「赤目」は逗子の小坪漁港で水揚げされ、寒風の中で天日干しにされる。

　アカモクは褐藻綱ヒバマタ目ホンダワラ科の海藻で、北海道から日本全国の浅い海に分布し、秋から冬にかけて生長し4～7mの長さに達するものもあり、雌雄異株である。秋田県ではギバサ、山形県では銀葉藻、新潟県では長藻と呼び、食用に供されている。

　アカモクは一年草で、本州中部では冬から春に成熟し、日本北部では7月ごろに成熟期を迎える。また、類似種にシダモクなどがあるが、気泡の形状が異なっていて、アカモクが円柱状であるのに対して、シダモクは球形から楕円体である。気泡形状を形成する前の若い個体では区別がつか

ない。

　食用するときはよく水洗いして、真ん中にある茎を上から下に下げてしごき、節から葉を含む小さな茎を食用にする。熱湯を数十秒かけてざるに開け、冷しポン酢などで食べる。ポリフェノール、フコイダン、フコキサンチンなどの各種ミネラル、食物繊維などを含んだ機能性食品として注目を浴びている。逗子小坪産のアカモクに道南産「がごめ昆布」「真昆布」と合わせてうま味を凝縮した昆布茶などを生産している。

津久井在来大豆

　相模原市津久井郡農業協同組合では、もともと地元では野菜生産が盛んであるが、大豆を特産にしようという取組みを始めた。その後、遺伝子組換えの輸入大豆の流通が始まり、遺伝子組換えのない国産大豆への関心が高まったが、大豆生産者が加工業者などに直接販売する例が多く、品質を安定することが課題であった。

　製品の付加価値を高めたい加工業者や流通業者からは「津久井在来」の証明を求められたが、品種改良などで開発した新品種と異なり、在来種の品質のばらつきに問題があった。しかし解決策として、原種に最も近い種子を選別し、DNA解析専用畑などの管理のもとで選別大豆の収穫を行い、生産量は神奈川県の3割を占めるようになった。国産20万ｔの中ではまだわずかだが、品質を維持しながら拡大している。

　特徴は色白で粒が大きい。甘みが強いので味噌に向き、そのほか豆腐、豆乳を使ったデザートの人気が高まっている。現在はロゴマークや商標登録など、ブランド確立に向かっている。

しらす

　湘南茅ヶ崎は鰯の産地として名高い。シラス釜揚げは江の島海岸、葉山、藤沢地区の名物。シラス干しの原料となる鰯の稚魚は生態上他の稚魚と分けるのは大変難しく、目視と手作業による異物混入選別で苦労している食材である。

横須賀海苔

　横須賀東部走水海岸の海苔の養殖は、秋になると種付け網を沖に張ってから20日、5mmから1cmに成長した海苔の種付け網を1年分冷凍保存し、その網を2〜4期作にかけて交代しながら張っていく。11月下旬ごろになると、種網を張ってから20日程で一番摘みが採れる。その10日後に2番摘み、さらに10日後に3番摘みという4周期で、4から5番摘みまで収穫する。浮き流し方式は千葉新富津漁港とほぼ同じで、ここでも青海苔が採れ、黒海苔に青海苔が1/4ほど混

じっている。香りがよく大変人気があるが、量は少ない。

猿島わかめ　東京湾の湾口部に位置する横須賀東部漁協猿島漁地区は、反時計回りの潮流による潮通しのよさが特徴である。波の影響を受けやすいが、波による海水の流動が生物の成長に必要な栄養源を運び込んでいる。栄養塩も豊富で、魚類や海藻類の好漁場となっている。この潮の流れがよい豊かな海で捕れる魚介類を「江戸前」という。猿島のわかめは食べごたえがあり、香りと柔らかな食感が特徴である。

ひじき　三浦半島西岸に位置する相模湾に面した長井漁港は浅い岩礁体が多く、春の大潮の干潮時になる4月中旬の3～4日の短い解禁日になると、この一帯はひじきの絨毯に覆われる。

　荒波に揉まれ、強い天日の乾燥の中ですぐに釜揚げされ、真水で煮て柔らかくし、天日乾燥したひじきは、格別な味で柔らかく、房州ひじきに引けを取らない。

Column

　水溶性食物繊維「フコイダン」「フコキサンチン」は聞きなれない言葉だが、「フコイダン」とは海藻のヌメリ成分で、海藻が傷ついた部分を修復したり、引き潮で外気に触れた際の乾燥を防ぐものである。最近の研究で、水溶性食物繊維は人間の生きる機能を回復して免疫力を正常化する働きが明らかにされている。また、「フコキサンチン」はフコイダンの中に含まれる成分で、その抗肥満作用が注目されている。「あかもく」には、フコイダンが「もずく」の2倍、フコキサンチンは海藻の中で最も多く含まれている。あかもくは現代人が求める健康づくりにマッチした食材でもある。

Ⅲ

営みの文化編

伝統行事

鶴岡八幡宮例大祭

地域の特性

　神奈川県は、関東地方南西部に位置し、東京湾と相模湾に面する。西部は山岳・丘陵地、中央部は、相模川によって形づくられた台地と平野からなる。また、東部には丘陵・台地と多摩川沿いの低地が広がり、三浦半島が太平洋に突き出す。相模湾を流れる黒潮の影響で、気候は温暖。夏に雨量が多い。箱根や丹沢などの山地では、冬に寒さが厳しくなることもある。

　江戸時代、小田原を中心とする湘南地域は、江戸防衛の重要拠点であった。箱根の関所は、小田原藩の管轄で、小田原は東海道の宿場のひとつとして発達した。小田原周辺のウメの木は、戦国時代以降、兵糧のために栽培が奨励され、梅干しの製造も盛んになった。また、小田原名産のかまぼこは、北条氏の食膳に供されたのがはじまり、と伝わる。

　幕末以降は、開国の中心となり、海外から人や文物が流入した。

　近代以降は、横浜・川崎の一帯が国際的な港湾都市・工業地帯として発達。一方で、鎌倉や箱根は自然に恵まれた観光地としての発達をみた。

行事・祭礼と芸能の特色

　大別すると、海岸沿いの行事・祭礼と山間地のそれとに分かれる。前者の代表が貴船神社などの船まつりであり、後者の代表が大山などへの登拝行事である。平場農村のそれがあまりみられないのは、平野が少ないのと、古く鎌倉が開け、そののち東海道が江戸に延びると宿場が発達したからであろう。

　神奈川県下の代表的な行事・祭礼と芸能に、チャッキラコ（三浦市）、相模人形芝居（厚木市ほか）、山北のお峰入り（足柄上郡）、貴船神社の船まつり（足柄下郡）、大磯の左義長（中郡）などがある。

主な行事・祭礼・芸能

寒川神社追儺祭
（ついなさい）

正月2日に寒川神社（高座郡）で行なわれる追儺のまつり。寒川神社は、約1,500年あまりの歴史をもち、朝廷をはじめ源頼朝や武田信玄などの武将から庶民まで幅広く信仰を集めてきた神社である。関八州の裏鬼門（きもん）に位置し、古くから方災除けの守護神とされた。神社で追儺祭（鬼やらい）が行なわれるのは、きわめて稀な例といえる。

追儺祭は、夜8時にはじまる。宮司以下が神殿において祭典を行ない、その後は付近の民家までが消灯する暗闇のなかを進行する。所役（しょやく）の者は、まず、兜（かぶと）・太刀・金刀で武装して拝殿に進み、各人が追儺板（長さ15尺＝約4.5メートル、幅1尺5寸＝約45センチ）を数百回打って厄災を祓（はら）う。終わると、一同が神門に出てうずくまり、青竹筒から塩水を東西に撒く。これを清前（きよさき）という。次に、宝物数えといって、「はやはやあり、ともややあり云々」と唱えごとをする。次に、神門に入って「難波小池」と20声唱えつつ太鼓を打って、本殿の周囲を3周。拝礼ののち、点灯。神事が終了すると、神前に供えられた弓矢（天加久弓（あめのかぐゆみ）・天羽々矢（あめのははや）＝ヤナギの木に麻糸をはった1尺5寸ほどの弓と茅の茎でつくった矢）が災難除けのお守りとして参拝者に授与される。

なお、武装して板を打つのは、宮中で12月に行なわれた追儺式にならったもの。また、塩水の祓いが一度ならず行なわれるのも古風で、鬼やらいの祭事としては興味深い事例である。

大磯の左義長
（さぎちょう）

毎年1月14日、大磯で行なわれる火まつり。正月の松飾りや書き初めなどを集めて燃やす。地元では、セエトバライ（サイトバライ）、ドンドヤキ、ダンゴヤキといった呼称が重複してつかわれている。

その準備は、11日からはじまる。まず、正月飾りやだるまをセエノカミ（道祖神）に集める。そこにオカリヤ（仮小屋）をつくって、子どもたちが籠（こも）る。そのオカリヤは7カ所あり、そこに地元の人びとがお詣りをする。これを、「7所詣り」といっている。子どもたちは、そのオカリヤで餅を焼いて食べたりして過ごす。

14日の朝、北浜海岸（大磯海水浴場）に、サイトと呼ばれる藁の塔（高

さ6〜7メートルのピラミッド形）が町内ごとに立てられる。そして、夕方になると、木の枝に団子を刺したものを手に人びとが集まってくる。午後7時、1年間の無病息災を願ってサイトに点火。各サイトは、その年の恵方から点火されることになっている。火が燃え盛り、やがて下火になるころ、その火で持ち寄った団子を焼く。この団子を食べると一年中風邪をひかない、といわれる。

　そのころ、褌（ふんどし）姿の若者たちが、小さなお宮さん（道祖神の仮宮）を載せたソリ状のものを真冬の海に運んでくる。そして、それに縄をつけ、海に入った若者たちと陸側の人びととが綱引きをする。大勢の見物客も参加してのこの綱引きを、ヤンナゴッコという。綱引きは、必ず陸組の勝ちということで終わる。全国的に共通する農作の予祝（よしゅく）が原型か。勝負が決すると、その仮宮を浜にあげ、足で踏みつぶしてしまう。

　なお、この大磯左義長は、平成9（1997）年に国の重要無形民俗文化財に指定された。

湯立獅子舞（ゆだて）

箱根町仙石原の諏訪神社と宮城野地区の諏訪神社で、それぞれ3月27日と7月15日に行なわれる獅子舞。いずれも湯立祓（ばら）いに獅子舞がついた古風な神事である。

　獅子舞の奉仕者は、まず行場で身を清める。神社での祭典のあと、境内で宮舞・平舞・剣の舞・行の舞・宮めぐりの舞などの獅子舞が行なわれる。そして、最後に、獅子が煮たった湯釜の湯を笹の葉でかきまわしたあと、その湯花を参拝客に振りかける。これを、「釜めぐりの舞」とか「湯立ての舞」という。獅子に湯花をかけてもらった者は1年間疫病にかからないとされている。

横浜みなとまつり

横浜港の開港記念日を祝う横浜最大の市民まつり。以前は開港（安政6＝1859年）にちなんで6月2日に行なわれていたが、現在は5月3日に行なわれている。

　呼びものは、3,000人余りが参加する仮装行列である。国際都市横浜にふさわしく在留外国人が多数参加するほか、全国からさまざまな団体も参加して、開港当時の風俗や個性豊かな仮装が披露される。パレードは、午前11時ごろ山下公園を出発。馬車道、伊勢崎町などを巡る。その間、中華街の獅子舞や龍舞は、営業中の店に出入りしては爆竹を鳴り響かせ、まつりを盛りあげる。なお、みなとまつりの関連行事として開港祭やバザー

（5月下旬～6月上旬）、花火大会（7月下旬）なども催される。

　一方、横須賀でも、7月中旬（以前は5月中旬）に横須賀港の開港を記念する「横須賀みなとまつり」が三笠公園を中心に行なわれる。

大山阿夫利神社の夏山大祭

大山阿夫利神社（伊勢原市）は、江戸時代には大山寺、大山石尊大権現と称し、江戸からの人びとの参詣が多かった。旧暦6月28日の祭り日に参拝するのを大山詣でといって、多くの人を集めたものである。

　現在、夏山大祭は、7月27日に行なわれる。その日から8月17日までの20日間が夏山の期間となり、山頂本社への登拝が許可されるのだ。

　初日の27日には「お花講」の人びとが頂上登拝門の扉を開ける役目を担っている。門が開かれると、講員を先頭に白装束に身を包んだ人びとが、「さんげ　さんげ　六根清浄　お山は晴天六根清浄」と唱えながら頂上をめざす。

　江戸時代は、大山の頂上へは夏山期間中だけ登拝を許されていたが、女人禁制であった。明治時代になって登拝者が増えたことにより、春山（4月5日から20日間）がはじめられ女人にも開放された。

貴船神社の船まつり

7月27日と28日（もとは、旧暦6月14日・15日）に行なわれる貴船神社（足柄下郡）の例祭。宇多天皇寛平4（892）年に、祭神が船に乗って真鶴崎に降臨されたのを住民が小船で迎えたという故事にもとづくまつり、といわれる。古来、貴船まつりは、「恩返しのまつり」といい伝えられてきた。大漁や船の運航の安全の祈願とともに、日頃の加護への深い感謝をこめて勇壮・華麗に繰り広げられる。

　27日（宵宮）の朝、東西の部落に分かれた氏子が、それぞれに小早船（江戸時代の船の一形式。船には幔幕を張りめぐらし、屋形の上に吹き流しや旗を立て、槍・堤灯などを船中に飾る）を海中に出す。神輿船がこれを従えて浜に設けられた仮殿を出て神社に向かう。この間、各供奉船で船歌・船囃子を奏し、やがて海岸近くになると先導の花漕ぎと称する伝馬船が東西両方で競漕をはじめ、早々と上陸。その後、神社にて祭典が行なわれ、境内で鹿島連による鹿島踊などが奉納される。終了すると、ふたたび神輿が海岸に降り、仮殿に渡御する。着船後、神輿は浜を練って、やがて海中に担ぎこまれる。次いで仮殿に入る、仮殿祭が行なわれる。また、その夜

は、各船が囃子や踊りなどでにぎわい、花山車も出てにぎわいをみせる。

　翌28日朝、花山車は仮殿前に、鹿島連は西本払いで待機後、それぞれ同時に出発し、中間点ですれ違う。これを「あいちがい」という。鹿島連が仮殿前に到着後、鹿島踊。花山車が順次奉納される。そのころ、小早船には舳乗り役の長老が乗船、各船には堤灯に灯がともされ出航の準備を整えている。斎主（神職）の乗船を合図に、囃子が打ちこまれ、諸船は、宮の前海岸に向かう。これを「お送り」という。その後、神輿が神社に環御し、鹿島踊の奉納でまつりが終了する。

　なお、この貴船神社の船まつりは、日本三大船まつりのひとつとされ、平成8（1996）年に国の重要無形民俗文化財に指定された。

鶴 岡八幡宮の祭礼

　鶴岡八幡宮（鎌倉市）の例大祭は、毎年9月14日から16日までの3日間執り行なわれる。『吾妻鏡』によれば、文治3（1187）年8月15日に放生会と流鏑馬が始行された、とあり、これが例大祭のはじめとされる。以来、800年の歴史を誇るまつりである。

　14日には、例大祭に先立ち、宮司以下の神職が身を清めるため、早朝、由比ヶ浜で禊をする。禊のあと、清めのしるしとして藻塩草（海藻）を持ち帰り、社頭に掲げる。夜は、宵宮祭を行なう。

　15日には、例大祭祭典と神幸祭。神社本庁より幣帛を奉る献幣使を迎え、宮司以下神職、巫女、八乙女が奉仕し、多くの参列者を迎えて厳かに執り行なわれる。神前には、鈴虫が供えられ、その虫の音が響く。

　神幸祭は、氏子の若者により神輿3基が本殿から担ぎ下ろされ、宮司以下神職、錦旗・神馬・提灯・太鼓・盾・弓矢などからなる数百メートルの行列が、若宮大路を二の鳥居まで進む。この鳥居の下には御旅所が設けられ、緑の千早、緋袴姿の八乙女による八乙女舞が奉納される。

　16日には流鏑馬神事が行なわれる。鎌倉武士の狩装束に身を包んだ射手が馬に乗って駆けながら3つの的を射抜く勇壮な神事である。

　16日は、鈴虫放生祭。15日の祭典で神前に供えた鈴虫を、神域の自然に放つ行事である。放生とは、生物を放つことであり、生命の尊さや季節への感性を守り伝えようと、平成16年から始められた。儀式は、舞殿で執り行なわれ、雅楽の演奏と巫女による神楽舞が奉納されたあと、境内の林に鈴虫を放つのである。

なお、鶴岡八幡宮では、正月の御判行事も広く知られる。これは、元旦から7日（古くは5日）までのあいだ、舞殿で行なわれるもので、鶴岡八幡宮の御神印（牛王宝印）のお札を授与し、それを額に押しあてることによって、病気平癒（とくに脳の病気）、厄除、無病息災を祈念する。牛王宝印は、本殿の御神座近くに奉安されているが、正月のこの期間にかぎり舞殿に移されるのである。宝印は、古くは誓約書にも使われていた。戦場に向かう武士も、出陣に際してこの宝印を頂いた、と伝えられている。

箱根大名行列

　毎年文化の日の11月3日に行なわれる観光まつり。昭和10（1935）年、箱根湯本で温泉博覧会が開催されたときにはじまり、太平洋戦争中（1941〜45年）一時中断したが、戦後復活し今日に至っている。

　箱根大名行列は、俗に20万石の大名行列といわれ、箱根関所を参勤交代で上下した西国大名の行列を、当時の衣装や道具を用い、20万石の格式にしたてて行なう。「下に〜、下に〜」という大きな掛声とともに、露払いを先頭に、六尺・挟み箱・毛槍・弓・鉄砲・徒士・小姓・大名・家老・大名駕籠・奥女中・腰元・長持など、総勢170名余りが旧東海道や温泉街を約6キロにわたって練り歩く。

　大名行列には、170名の本隊のほか、その前後に各種団体が参加。たとえば、戦国時代に活躍した火縄銃の操作練習や保存を図るために発足した「小田原北条鉄砲衆」が参加し、随所で火縄銃の演武を行なうなど、行列を盛りあげている。そうした参加者までを含めると、行列の総勢は450名にも及び、この種のものとしてはもっとも大がかりな行列になっている。

ハレの日の食事

　冠婚葬祭や会合では、けんちん汁が食された。けんちん汁とは、建長汁、つまり、鎌倉建長寺の修行僧の食事がもとになっている、とされる。アジの水揚げの多い湘南地区の家庭では、誕生日やまつりなどにアジの押しずしをつくった。また、畑作中心の地域では、小麦粉を使った料理が多い。「酒まんじゅう」や「おたらし（焼き菓子）」「とっちゃなげ（すいとん）」など。横須賀市佐島地区の7月の船まつりの際は、各家庭で「へらへら団子」（平たい餅に餡をからめたもの）がつくられる。なお、川魚も貴重な栄養源で、アユの甘露煮やマスのみりん漬けなどが食される。

寺社信仰

川崎大師

寺社信仰の特色

　神奈川県の寺社信仰は県央を南北に流れる相模川の流域で始まったと思われる。相模国の国府と国分寺は海老名市に置かれ、南の寒川町には県内唯一の名神大社で相模一宮の寒川神社が鎮座した。相模国分寺は法隆寺式伽藍配置なので、白鳳時代の既存の寺を充てたと考えられる。

　これらは県東部を占めた相武国の領域にあるが、西の師長（磯長）国の地でも沿岸部に古い信仰がみられる。大磯町には国府の地名が残り、六所神社は相模総社とされ、相模一宮〜四宮と、五宮格の平塚八幡宮が渡御する国府祭が営まれたという。平塚市には四宮の前鳥神社もある。また、二宮町の川勾神社は相模二宮とされたが、寒川神社と一宮を争ったと伝え、国府祭の座問答がその名残りという。

　三宮は伊勢原市の比々多神社で、国御岳と崇められた大山の麓に鎮座する。大山には阿夫利神社・石尊大権現が鎮座し、中世には雨降山大山寺を中心とした修験道場として栄え、近世には大山詣が盛んとなった。東麓の日向薬師（日本三大薬師）も10世紀には開かれていたとみられ、横浜市の坂東14弘明寺と同様、10〜11世紀頃作の鉈彫り像が現存する。

　鎌倉は日本における寺社信仰の一大拠点である。鎌倉幕府が開かれたことで寺社信仰も開花した。鶴岡八幡宮は1063年の勧請ながら相模一宮格である。日本初の禅寺である建長寺を筆頭に、国宝の舎利殿で知られる円覚寺などの鎌倉五山が開かれ、国宝の鎌倉大仏も造立された。坂東巡礼発祥の地でもあり、箱根山などを拠点とした熊野修験の活躍がうかがえる。南足柄市の大雄山最乗寺（道了尊）も修験の様相が強く、曹洞宗三大祈禱所の一つとなっている。

　現在、全国から参詣者を集める寺社として、曹洞宗大本山の總持寺、真言宗智山派大本山の川崎大師、時宗総本山の清浄光寺（遊行寺）、日本三大弁天の江島神社、二宮金次郎を祀る報徳二宮神社などがある。

　凡例　†：国指定の重要無形／有形民俗文化財、‡：登録有形民俗文化財と記録作成等の措置を講ずべき無形の民俗文化財。また巡礼の霊場（札所）となっている場合は算用数字を用いて略記した

主な寺社信仰

広福寺
（こうふくじ）

　川崎市多摩区枡形。真言宗豊山派。稲毛山と号する。稲毛33-01。開山は慈覚大師で、鎌倉時代に長弁阿闍梨が中興したと伝える。本尊は桃山時代作の木造五智如来坐像。枡形城北麓の稲毛三郎重成館跡に鎮座し、稲毛領主の菩提寺とされたという。稲毛七福神の大黒天も祀る。寺前の北野天神社はもと韋駄天社で、神体が当寺の観音堂にもあったが、維新で菅原道真を祀り、今は建速須佐之男神を祀っている。枡形城跡は生田緑地として整備され、日本民家園や岡本太郎美術館がある。昔は戸隠不動堂があって祭礼が賑わったが、1993年に焼失してしまった。民家園には川崎市麻生区金程から移築された国重文の伊藤家住宅や、三重県志摩から移築された〈旧船越の舞台〉†があり、民家解説・年中行事展示のほか、昔話や郷土芸能公演のイベントを随時開催している。

妙蓮寺
（みょうれんじ）

　横浜市旭区善部。松久山と号する。本尊は大曼荼羅。畜霊納骨堂でも知られる。1628年に地頭の宅間伊織忠次が、威光山法明寺（雑司が谷鬼子母神）12世日暁上人に隠居所を提供すべく、名主の和田四郎左衛門に命じて小庵を建てたのに始まる。1672年に本堂が建立されたが、祖師堂や山門などの寺観を整えたのは日蓮聖人五百遠忌の1781年である。10月の御会式に奉納される〈善部妙蓮寺の曲題目〉は江戸時代末期に伝授されたという。南無妙法蓮華経のわずか7文字の題目に12通りの曲節をつけて唱えるもので、文字の読めない人でも信仰に親しむことができた。唱題行の実践を重視した日蓮宗ならではの民俗である。赤い房の付いた撥と平たい鼓太鼓を持った稚児が本堂の雛壇に座り、長老の唱える題目に合わせて24通りもの見事な撥捌き（綾取り芸）を披露する。

本牧神社
（ほんもく）

　横浜市中区本牧。大日靈女命を祀る。古くは本牧の塙（岬の先に出た島）に鎮座し十二天社とよばれていた。神前には大自在天を含む十二天が祀られ、本牧元町の真言宗多聞院が別当を務めたと伝えることから、真言密教の社であったと推測される。十二天は三浦水軍の氏神であったから、その勢力の伸長とともに平安時代に当社も創建されたのではないだろうか。現在の神像は1263年1月1日に海中から出現したと伝えている。8月の例祭に伴う神事〈お馬流し〉は1566年に始

まるといわれ、茅で編んだ馬頭亀体の御馬様が本牧6か村から1体ずつ奉納されたという。茅馬は集落を巡ってあらゆる災厄を一身に背負った後、船で本牧沖合いへ運ばれ、旧暦6月15日の大潮の引き潮に乗せられ海上遥か彼方へと流された。馬を流すという発想は、本牧が牧場ではなかったかと想わせる。

海南神社　三浦市三崎。藤原資盈・盈渡姫・地主大神・天之日鷲命・筌竜弁財天を主祭神とする。資盈は伴大納言善男の讒言で追われ、当地に漂着して没したと伝える。諏訪、住吉、梶の三郎山、洲の御前の各社は家臣4人を、房州館山の鉈切明神は息子の資豊を祀るという。1653年に正一位、1719年に三浦半島総鎮守とされた。例大祭は7月で、行道（お練り）獅子が土地の悪霊や災いを祓う。1月15日に奉納されるユネスコ無形文化遺産〈チャッキラコ〉†は、飾りつけた2本の細く短い竹の棒を両手に持って打ち合わせる豊漁・豊作・商売繁盛の祝福芸で、少女たちが母親の唄で踊り、盈渡姫が土地の娘に教えたのが始まりと伝える。初伊勢、チャッキラコ、筑波嶺、よささ節、鎌倉節、お伊勢参りの6種の踊りがあり、仲崎と花暮の竜神様や、旧家・老舗へも祝福して回る。

光照寺　三浦市初声町三戸。龍徳山と号する。1430年に空念和尚が開山。浄土宗大本山鎌倉光明寺末で、本尊は阿弥陀如来。三浦33番外の瓶庫裏観音（お手観音／イナダ観音／大漁観音とも）も祀っている。境内には数多くの庚申塔や六十六部供養塔が立ち並ぶ。8月16日には〈三戸のオショロ流し〉†があり、深夜から明け方にかけて地元のセイトッコ（小中学生男子）が墓に供えられた盆の供物を集めに来る。イボトリ地蔵で知られる海養山霊川寺と、一切亡虫魚墓がある龍円山福泉寺でも同様で、供物は三戸海岸へと運ばれ、御精霊様（1対の円筒形の飾り物）とともに藁の御精霊船で沖へ送られる。近隣は漁業が盛んで、横須賀市の自然・人文博物館では〈三浦半島の漁撈用具〉†を収蔵展示している。

御霊神社　鎌倉市坂ノ下。鎌倉（平）権五郎景政を祀り、権五郎神社とも称する。景政は後三年の役（1083～87）での武勇が知られ、関東平氏の鎌倉・梶原・村岡・長尾・大庭の5家とともに湘南地域一帯を開拓した。創祀は不明だが、平安時代後期に関東平氏5家の祖霊を「五霊」として祀ったと想像されている。例祭は景政の命日とされる

9月18日で、鎌倉（湯花）神楽の後の神幸祭（御渡り）では、猿田彦や獅子頭とともに〈御霊神社の面掛行列〉が神輿を先導する。面掛行列は古代寺院法会の伎楽面風流を今に伝える貴重な文化遺産である。行列は爺、鬼、異形、鼻長、烏天狗、翁、火吹男、福禄寿、阿亀、女（取り上げ／産婆）の順で、阿亀は妊婦を滑稽に演じる。その腹に触れると安産・豊漁・豊作になると伝えることから人気を集め、例祭は「孕み人祭」と親しまれている。

長松寺（ちょうしょうじ）　相模原市南区新戸（しんど）。曹洞宗。万年山と号する。本尊は薬師如来。鎌倉公方の足利氏満と建長寺の曇芳周応が臨済宗建長寺宝珠庵末（くほう）として開創し、1430年に守護人の松本式部少輔が中興、1630年頃に代官の平岡岡右衛門吉道と喚室宗応が再興したと伝える。津久井町にある津久井城主菩提寺の功雲寺（つくい まち）の末であった。寺前には関東総奉行内藤清成の陣屋があったが、現在は新戸鎮守の白山姫神社（はくさんひめ）がある。昔は相殿に山王と稲荷を祀り（こおりまつり）、2月8日の氷祭の神事では社前で大般若経（だいはんにゃきょう）が転読（てんどく）されていた。新戸は磯部・勝坂とともに〈相模の大凧揚げ〉で知られ、5月4日・5日に相模川の河川敷で開かれる大凧まつりでは、14.5m四方・重さ950kgという日本一の大きさを誇る八間凧（はちけんだこ）が空に舞う。端午の節供（たんご せっく）に男児の誕生を祝って大凧を揚げ競う〈関東の大凧揚げ習俗〉‡の一つに数えられている。

諏訪神社（すわ）　相模原市緑区鳥屋（とや）。建御名方命（たけみなかたのみこと）と天照皇大神（あまてらすすめおおみかみ）を祀る。菱山肥後守隆顕（1288年没）が1241年に諏訪大明神を勧請（かんじょう）して鳥屋の鎮守にしたのが始まりで、1530年に現在地へ遷座されたという。隆顕は入道して菱山家菩提のため阿弥陀如来を祀り、1265年に鳥岳山清真寺を開いた。10世住職の円海法印（1678年没）は、鳥屋に芸能がないのを寂しく思い、寺の桐の木を切って3つの竜頭の獅子頭をみずから刻み、武州多摩郡（たま）高月の獅子舞を参考に振付と作詞作曲をして、盂蘭盆会（うらぼんえ）に当社で獅子舞を始めたという。現在は8月の例大祭に〈鳥屋の獅子舞〉が奉納されている。一人立三匹獅子が莚（むしろ）の上で荒々しく舞う姿は、神懸（かみがか）りの祈禱色が強い。父（巻）獅子と子獅子は太鼓、母（玉）獅子は摺（す）りササラを持って舞う。

堰神社（せき）　厚木市長谷（はせ）。用水の守護神で長谷の鎮守。1576年6月25日、枯渇した用水の確保に多摩川を堰止める工事が難航していたと

ころ、桂坊という山伏が雨降の霊峰筑波山参詣の帰路に通りかかり、村人の苦難を救うため川底に入定して堰の人柱となった。工事は間もなく完成し、無事に秋の稔りを迎えることができた村人は、桂坊を関野大明神として祀り、山王・天王・稲荷を合祀したという。例祭は昔は6月25日、今は4月で、自治会主催のふるさとまつりと同時開催である。子供神輿が社に着くと、神楽殿では長谷座（南毛利座）が三番叟や傾城阿波の鳴門巡礼唄の段などの〈相模人形芝居〉†を奉納する。芝居は阿波の人形回しから伝授されたと伝え、社には淡路から伝承された翁面が現存する。長谷の名は、社の東にある観音坂に、大和・鎌倉の長谷観音と同木の運慶作長谷観音像が祀られたのが由来という。北条時頼夫妻の信仰が厚く、真言宗福寿院長谷寺や曹洞宗長谷山福昌寺が別当を務めたと伝える。現在は曹洞宗蓬莱山長谷寺となっている。

賽神社

大磯町大磯。大北地区に鎮座。猿田彦命を祀る。道祖神社とも。例祭は3月7日。1月14日のドント祭は浅間町の浅間神社や大泊の熊野神社など9地区にある道祖神・賽ノ神様の祭とともに〈大磯の左義長〉†（セエトバレエ）として知られる。本殿での祭典後、夕刻から大勢の若衆が荒縄で編んだ屋形を橇で引き廻し、海岸の砂浜に立てたセエトの傍らに置く。夜になると宮総代がドゥミドンヤと唱えながらセエトに点火して燃やし、人々は枝や竿につけた福団子を炙って食べる。最後に若衆が渚でヤンナゴッコ（綱引き）をする。行事に先立って1月11〜13日には子どもたちは地区の御仮屋に籠もる御仮籠をし、大人たちは七所詣りをして子どもの無病息災を祈る。現在は「七所詣って八所せ」と言って坂下・浜之町・大泊・子之神・中宿・浅間町・大北・長者町の8か所を巡拝する。

神明社

山北町皆瀬川。字高杉に鎮座。大神宮ともよばれ、大日霎貴命・大山祇命・大山咋命・金山彦命・倉稲魂命・素盞嗚命・火結命・天児屋根命の8柱を祀る。大野山の東裾に鎮座し、山頂との間に古宮がある。大野山は王ノ山や龍集山、星山、岳山ともよばれ、頂には龍集大権現が鎮座する。例祭は10月16日で、おおむね5年ごとに〈山北のお峰入り〉†（御練り）が行われる。昔は10〜20年ごとの8月16日に行われた。南北朝時代、宗良親王が河村城に難を逃れた時に始まったという。地区の81人が天狗・獅子・阿亀・山伏などに扮装し、裸・満月の歌・

鹿枝踊など8種の歌踊を龍集大権現に奉納する大規模な風流芸能であるが、熊野・愛宕・富士山・羽黒の4人の山伏による修行踊は柴燈行事の印象が強い。山麓の神庭で歌舞を披露した後、行列を組んで当社へ登り、境内で歌舞を奉納する。

貴船神社　真鶴町真鶴。真鶴港を見下ろす高台に鎮座。1868年までは貴宮大明神とよばれ、相模・伊豆地方に多い来宮・今来神（渡来神）信仰の社と考えられる。真鶴岬の三ツ石の沖に出現した木像12体を祀ったのが始まりと伝え、現在は大国主神・事代主神・少彦名神を主祭神とし、真鶴の地主神の市倉明神を合祀している。例祭は7月27〜28日で、日本三船祭の一つ〈貴船神社の船祭り〉として知られている。初日は華やかに飾られ小早船（御座船）と神輿船が櫂伝馬に曳かれて神迎えに来る。途中、櫂伝馬の競漕もある。神社で祭式があり、鹿島踊りが奉納されると、神輿は船に移される。仮殿への海上渡御では、小早船では古風な旋律と詞章の御船歌が唄われ、囃子船では笛や太鼓の囃子が奏でられる。仮殿に神輿を移すと鹿島踊りが奉納され、式典が済むと町内に花山車（花傘万燈）の一行が繰り出す。翌日は神輿と花山車の町内巡行があり、多くの提灯を点した小早船に伴走されつつ神輿が神社へ還御すると、壮麗な船祭りが終了する。

伝統工芸

箱根寄木細工

地域の特性

　神奈川県は関東地方南西部に位置し、西部は箱根山や丹沢などの山岳地帯、中央は平野と台地で相模川が貫流し、東部は丘陵と沿岸部で南東につき出した三浦半島により東は東京湾、西は相模湾に分けられる。

　平安時代、関東は治安の乱れに乗じて武士が台頭し覇権を争っていたが、中世には源頼朝が挙兵して鎌倉幕府を樹立、武家政権として京の朝廷と相対した。頼朝の死後、幕府の実権は執権北条氏に移り、3代執権北条泰時の時代に全盛期を迎えたが、足利尊氏など有力御家人の離反が続いて幕府は滅亡、国政の中心はふたたび京に戻り、関東支配は鎌倉公方と関東管領にゆだねられた。その後、戦国大名として名を轟かせた北条早雲が小田原城を攻略し、5代にわたって関東を支配したが、豊臣秀吉の小田原攻めに屈した。1603（慶長8）年、徳川家康が江戸に幕府を開くと、家康の忠臣大久保忠世が初代小田原藩主となり、ほぼ幕末まで続いた。江戸時代の神奈川県は小田原藩を除くとほとんどが天領や旗本領、寺社の朱印地で、小田原藩は箱根関の取り締まりを委ねられるなど重要な役割を担った。

　箱根のほか、東海道五十三次にも登場する川崎、神奈川、保土ヶ谷、大磯、小田原など街道沿いの宿場町は多くの旅人で賑わい、土産品づくりを中心に各地に産業が興った。「箱根細工」は挽物技術を核に箱根や小田原地方で発展した木製品の総称で、豆茶器などの玩具や木象嵌、組木細工、木工パズルなどの知育玩具が今も伝えられている。

　近代に入ると、幕末のマシュー・C. ペリーの来航を端緒に、海辺の寒村に過ぎなかった横浜村が急遽整備され、国際貿易港として飛躍的な発展を遂げた。外貨獲得を目指した明治政府により、生糸の輸出拠点として鉄道、乗合馬車などの交通網が整備され、取引所の開設、外国人居留地の形成や、洋食や理髪店、街路樹、街路灯など西洋文化の発信地となった。

伝統工芸の特徴とその由来

　箱根町や湯河原町の温泉地帯、鎌倉市の史跡名勝など、豊かな観光資源に恵まれ、首都東京都に隣接するという地の利もあって、内外から多くの観光客を集め、特に海外向けの土産品では一日の長があるとされてきた。

　最も人気を博したのが、箱根寄木細工の秘密箱であるが、同様に箱根山系の樹木を活かした木工品が木象嵌である。寄木細工が直線を基調にしているのに対し、木象嵌は曲線を含め自在な模様をつくり出すことができる。江戸時代から手彫りによる彫り込み象嵌が行われていたが、1892（明治25）年頃、糸鋸ミシンを用いた挽き抜き象嵌が開発され、産業化された。さらに1907（明治40）年頃には特殊鉋を用いて種木を経木状に加工する量産化に成功、寄木細工とともに、代表的な箱根土産となった。

　また、横浜クラシック家具は幕末に英国人らによって伝えられたのが源流とされる。カバ材およびナラ材を主材に、組手、組接ぎの手加工と特殊な手工具による彫刻加飾が特色の本場仕込みの洋風家具である。

知っておきたい主な伝統工芸品

鎌倉彫（鎌倉市、藤沢市、小田原市、逗子市ほか）

　鎌倉市周辺でつくられている漆器。あえて刀痕を残す独特の彫刻技法と、仕上げに黒いマコモ粉を蒔き付けて陰影を強調する干口塗の古風な趣きが特長である。鎌倉時代に宋から臨済禅宗の伝来とともに、多くの美術工芸品が輸入された。その中に堆朱、堆黒といった木地に厚く漆を塗り重ねた彫漆品の盆や香合があり、これに影響を受けたのが仏師や宮大工だった。草創期には仏像や仏具をつくる仏師が禅宗寺院の大香合などをつくり、室町時代末期には茶の湯の興隆とともに茶道具がつくられ普及した。例えば、室町～桃山時代につくられた「葡萄文台子」は、茶の湯に用いる飾り棚で、茶入れ、茶碗、水指などをのせる。こうした台子は中国の禅院で使用されたのが始めといわれており、唐物を発生源とする鎌倉彫にふさわしい作品だ。

　江戸時代になると、仏具や茶道具だけでなく盆など日用品にも使われるようになり、唐様ばかりでなく日本独自のデザインが登場している。例えば江戸時代につくられた「菊蝶文方盆」は四隅に丸みをもたせた四角形の

盆で、双蝶の回りを菊の花が地紋風に彫られ、鮮やかな朱塗りで仕上げられている。

明治時代には廃仏毀釈が起こり、仏師が少なくなる中で、仏像彫刻から鎌倉彫に技術を活かし発展させていったのが、後藤斎宮（1838～1908年）と三橋鎌山（1845～1914年）だった。さらに横須賀線が開通（1889（明治22）年）するとともに、鎌倉は別荘地として栄えたため、日用品や土産物として茶托、盆、菓子器、菓子皿などがつくられるようになった。

製造工程は、木地、彫刻、塗りと大別され、木地は柔らかくて彫刻に適したカツラやイチョウの木を使う。轆轤にかけて丸く引く挽物、板を組み合わせる指物、板から削り出してつくる刳物を木地として、文様以外の部分には刀痕をつけ、彫り跡をあえて残す。独特の彫り技術によって表現される大胆な彫刻模様と、彫刻の陰影を強調する干口（乾口）塗は、ほかの漆器にみられない鎌倉彫の大きな特長になる。職人も彫りと漆塗りは分業になっている。近年はカルチャーセンターの講座に人気があるが、彫りのみを学び、漆塗りは専門の職人に注文することがほとんどである。

小田原漆器（小田原市）

小田原漆器の魅力はケヤキなどの天然木の木目の美しさにある。今では貴重となったケヤキ材を用いて、汁椀や盆、鉢など普段使いの日用品を生産し、手頃な価格で提供している。

室町時代中期に、箱根山系の豊富な木材を利用して轆轤挽きした木地に漆塗りを施したのが始まりとされる。当時この地方を支配していた北条氏が漆器職人を招いて後押しし、江戸時代には武具類も手掛けて、摺漆塗、木地呂塗、彩漆塗など今日の小田原漆器の技術・技法が確立された。木地づくりは、轆轤台と轆轤鉋による成形。小田原漆器の典型的な塗り技法「摺漆塗」は、木地に直接生漆を摺り込みながら、胴摺り、仕上げ摺りおよび磨き摺りなどを繰り返し、8層ほどの漆をまとって、手馴染みのよい自然な木目の堅牢な漆器となる。

1955～65（昭和30～40）年代、椀や盆などの家庭用の食器、飯器や鉢のような営業用の什器のほか、特に輸出用のサラダボウルが人気を博して産地は活気に包まれていた。木地づくりと漆塗りで完全分業制が敷かれ、量産体制も整っていた頃で、木地師300人、塗師100人以上を数えていたとされる。しかし、ここ20年ほどで往年の賑わいは消え、生産高は3分の1

以下に減少してしまった。今、産地の中核を担うのは、組合の後継者育成研修の応募に応えて研鑽を積んだ数名である。技術の継承を支えるのは、ぎりぎりのタイミングで技を伝えた師匠たちの残した道具類、中でもそれぞれの使い勝手に合わせて刃を調えた轆轤鉋の数々である。これらは、師匠たちの仕事を雄弁に物語るよすがとなって、次に続く世代に新しい発見をもたらし、活力を与えている。

箱根寄木細工 (小田原市、箱根町)

箱根寄木細工とは彩りの異なるさまざまな木々を組み合わせてつくった木工モザイクである。箱根山にある豊富な樹種によって、1000年以上にわたりこの地域の木工が発展してきた。特に江戸末期には工具の発達と技術の向上、そして職人の創造性が結実し、色の違う木材を組み合わせる寄木細工が登場した。もともとは東海道の土産物としてつくられたといわれる。当初は1種類の樹木やシンプルな模様が主流だったが、明治時代に入ると連続模様をつくり出す「小寄木」の技術が確立し、現代では50種を超える木々の彩りの違いを組み合わせて、さまざまな複雑な模様をつくり出している。

現在の寄木細工は大きく分けて「ヅク」と「ムク」の製法がある。ヅクは、色の違ういくつもの木を貼り合わせて種木として、その表面を鉋で薄く削りシート状にし、それを木工製品の表面に貼り合わせる装飾的な技法である。ムクは轆轤などを使って種木から完成品をつくり出す方法で、ヅクに比べて生産性は落ちるが、天然木の存在感が大きい。

木材の色として、白色はアオハダ、モチノキなど、黒色はクリジンダイ、コクタンなど、茶色はパドゥク、レンガス、緑色はホオノキなどが使われ、そのほかにも赤色、灰色、黄色などの木がある。こうした自然の色合いを活かして組み合わせ、デザインを決める。伝統的な紗綾型、麻の葉、矢羽根、青海波などのほかに、さまざまな幾何学模様ができ、つくり手のアイデア次第で、どんな製品にも応用できるのが特長だ。

盆、小箱、抽斗、小箪笥、茶托などの日用小物や家具、あるいはボタン、ブローチなどのアクセサリー類など多品種に及ぶ。特にからくりを利用した秘密箱は、寄木細工のデザインとともに人気商品になっている。

出身もさまざまな若い職人たちがグループをつくり、ライバル意識をもちながら寄木細工の技術を受け継いで活躍しているのも、ほかの業界には

みられない。それだけ、経験だけではなく独創的なセンスと革新的な技術が問われており、今後の可能性も大きい。

小田原工芸鋳物 (小田原市)
<small>お だ わらこうげい い もの</small>

小田原工芸鋳物は銅合金の鋳物製品で、特に鐘や鈴などの鳴物は、音色のよさ、余韻の長さに定評がある。小田原の鋳物は、1534（天文3）年に河内（現・大阪府東部）から来住した山田治郎左衛門により始められたとされている。室町〜安土桃山時代にかけてこの地を治めていた北条氏の庇護のもと、仏具、仏像、鉄砲や鍋釜の生活用品まで幅広く製造されていた。江戸時代の大久保氏の治世には、さらに小田原宿の需要が拡大し、その繁栄は相模の国の半分以上の生産量を誇るまでになった。最盛期には、夜中から起きて仕事にかかるため、鋳物師の住む鍋町一帯（現在の小田原市浜町）の各所からあがる炉の炎が夜空に映えて、大磯町、平塚市あたりからも見えたといわれている。その後、船の号鐘や寺の梵鐘、楽器のシンバルなども手掛けるようになり、世界中に輸出された時期もあったが、近代には大量生産の波に押されて徐々に衰退した。

このような状況に処して、いち早く銅合金鋳物に切り替え、工芸鋳物に特化して伝統をつないできたのが、現在も小田原で製造を続けている株式会社柏木美術鋳物研究所である。柏木家は、1686（貞享3）年、5代藩主大久保忠朝に従って、小田原鍋町へ移り住んで以来、代々鋳物業を営んできた。近年は主に「砂張」（銅と錫の合金）、真鍮（銅と亜鉛の合金）などの風鈴や振鈴、仏具、花器などに人気が集まっている。

小田原提灯 (小田原市)
<small>お だ わらちょうちん</small>

小田原提灯は、中骨がリング状に独立しているため畳み込むことができるのが特長である。江戸時代中頃、小田原の提灯職人甚左衛門が考案したといわれている。まず上下の蓋が大雄山最乗寺の霊木でつくられていて、道中の魔除けとなる。二つめとして、使わないときには折り畳んで懐中できるので携帯に便利である。三つめは、雨や霧にあたっても剝げにくく丈夫であること。本体胴部の蛇腹部分に使われている竹ひごが四角形に削られているので糊付け面が多いというのがその裏付けとされる。

これらを三得として、箱根山越えの旅人にとっては、なくてはならない携帯灯具だったとされている。明治時代の頃が最盛期で、現在は主に室内装飾品として生産が続けられている。

大山こま（伊勢原市大山）

大山こまは心棒が太く安定感のあるどっしりとした独楽の形と、赤、紺、紫などで色彩豊かに彩られた轆轤模様が特徴である。江戸時代中期に流行した大山詣の参詣客相手に、周辺に自生するミズキを挽いて椀や盆などの生活用品とともに土産物としてつくられたのが始まりとされる。独楽、達磨落としなどの玩具がつくられていたが、大山こまは非常によく回ることから「金運がついて回る」と、商売繁盛、家内安全、五穀豊穣の縁起物として人気を博した。

明治時代末には一工夫されて独楽の心棒を刳り抜き、吹けば音が鳴る「ピーゴマ」が創案され、子どもたちの人気の的になった。しかし、玩具の多様化には抗しがたく、昭和時代初期には20数人ほどいた木地師が、減少の一途を辿り、伊勢原市による技術保存の試みが重ねられている。

民　話

地域の特徴

　神奈川県は東が東京湾、南が相模湾に面している。北東部の多摩丘陵は、大規模な宅地開発のため地形の変化が著しいが、西部、南西部の山間部は丹沢大山国定公園や箱根山、芦ノ湖などの自然が豊かで、国立公園に指定されている。気候は温暖であるが、山間部では年間降水量が2,100 mm にも達し、積雪も多い。

　県内には、多摩川・鶴見川・相模川水系の一級河川があり、治水に力を入れてきた。足柄、相模原、吉田新田などにみられるように新田開発も盛んであった。鎌倉幕府が開かれると、「いざ鎌倉」へと馳せ参じる街道が整備され、また、房州に通じる海上路の利用も進んだ。街道の発達により、人々や物資の往来が盛んになっていった。

　三浦半島では首都圏向けの野菜や果物が栽培され、南端の三崎港は遠洋漁業の基地となっている。平塚、伊勢原、相模原では畜産業が営まれ、川崎、横浜など東京湾岸は京浜工業地帯の中核を成している。近年は、先端技術研究を中心とする工場が内陸部へと進出している。県内には、国際的に有名な横浜みなとみらい地区や鎌倉、箱根など観光名所も多い。

伝承と特徴

　神奈川県では、鈴木重光『相州内郷村話』、季刊誌『ひでばち』に昔話や伝説が報告される。『ひでばち』には、川崎市の「弘法の松」横浜市の「影取の伝説」などが収められる。冊子にまとまったものとして小島瓔礼『神奈川県昔話集』がある。小島瓔礼は昔話と神奈川県という風土とのからみ合いを、生態学的に分析してみたいと記している。その後、増補したものを『全国昔話資料集成35 武相昔話集』として刊行した。神奈川県は、昔話の採集が希薄な地域であり、話者の語り口が掲載されている資料集は少ない。その意味で同書は貴重な資料といえる。1972年から丸山久子、中

島恵子が藤沢市の調査を始めて、『遠藤民俗聞書』『藤沢の民話1・2』にまとめている。地域に根ざした伝説（「大門の榎」「瞽女淵」など）を報告するとともに、横浜市を舞台にした「猫の踊り」の類話を数多く掲載し、伝承の広がりを明らかにした。その後、各々の市町村で調査が行われ、相模民俗学会編『神奈川のむかし話』によって、伝承の状況を俯瞰できるようになった。

　民話の舞台が山間部、海岸部ではそれぞれに特徴があり、山間部では昔話「狼の恩返し」や伝説「乙女峠」など、天狗にまつわる話もみられる。一方、真鶴では「ぼんぼん鮫」という沈鐘伝説が伝承されている。一般的な内容とは異なり、鮫の親子の愛情に話の中心がある。三浦半島では、大蛸と漁師の話（「七桶の里」）や日本武尊東征と弟橘媛命の入水伝説が伝えられている。平塚の「須賀の頓狂」話という笑い話は、頓狂な物言いが素早く口をついて出る内容で、須賀の魚売りが行商に来ていた相模川流域の内陸部に広く伝承されている。さらに八王子、房州まで出かける行商人の活動範囲が伝承と重なっている。

　「狸和尚」は鎌倉の建長寺にまつわる伝説であるが、津久井郡では、犬に噛まれて死んでしまう話が残されている。街道沿いに広がり、山梨県では「建長寺さまのようだ」と、汚く食べ散らかす子どもを戒める言葉に「狸和尚」が使われる。

　先人の報告や資料（例えば茅ヶ崎「かっぱ徳利」横浜「浦島太郎」など）をガイドブックの中で紹介し観光資源として活用する向きもある。また、『かながわのむかし話』（萩坂昇）や『かながわのむかしばなし五〇選』（神奈川県教育庁文化財保護課）など、児童向けに再話されたものもある。それらの昔話や伝説を語りや劇として活用する方向性がみられる。

　高度経済成長期における宅地開発によって、住処を追われる狐・狸話や工場進出にまつわる話が『川崎の世間話』で報告されている。

おもな民話（昔話）

食わず女房　　むかしあるところにけちな桶屋がいた。飯を食わない嫁が欲しいと願っていた。ある晩、飯も水も食わぬ嫁が舞い込んできた。ある日、男が町に出かけるふりをして節穴からのぞいてみると、女房の頭に大穴があり、そこから飯五升に大鍋の味噌汁を食っている。

その後、男が桶に入れられて女房に背負われ連れ去られるが、脱出する。女房は気づかず、実家に帰る。男を食い殺そうとしたが、居なくなっていたので怒り大蜘蛛の正体をあらわし、「夜の蜘蛛はおととい来い」と言われるのが一番怖いと蜘蛛の子に言う。桶屋に戻って来た女房に「夜の蜘蛛はおととい来い」と男がどなると大蜘蛛となって、どこかに消えてしまった（「食わず女房」『かながわのむかし話3』）。

同様の話が、平塚市でも報告されている（『全国昔話資料集成35 武相昔話集』）。

一般的に、東日本では女房の正体を山姥や鬼とする話が多く、女房から身を守る植物として菖蒲や蓬が登場する。昔話「蛇婿入」「瓜子姫」でも同様のモチーフがみられる。五月節句に魔除けとしてこれらの植物を軒先に飾る由来を説く（「食わず女房」『日本伝奇伝説大辞典』）。一方、このような女房の正体を蜘蛛とする話は、西日本に多く分布している。この昔話は、東海道をはじめとする街道が幾筋も通る神奈川県での伝承や伝播について考える手がかりになる。

猫とかぼちゃ（胡瓜）

東浦賀の船宿菊屋に飼われている黒猫が、客に出す魚の匂いを嗅いでいる。客の若者が怒鳴ると宿の老婆が駆け寄り、猫を叱る。猫の眼光に恐れを成した若者は船に戻ると、黒猫が泳いで来る。船にいる若者たちは、猫をなぶり殺しにする。流れ着いた猫の死体を老婆が庭に埋めてやる。一年後、若者が再び船宿を訪れる。ちょうど庭から大きな胡瓜が生えたので老婆は料理でもてなそうとする。仲間が猫を殺したことを伝え、猫を埋葬した場所から胡瓜が生えたことを知る。掘り起こすと、猫の目のうつろから根が生えていた。老婆は、蒼白となり震えだし、後に死ぬ（「猫とかぼちゃ」『全國昔話資料集成35 武相昔話集』）。

昔話「猫と南瓜」は九州、東北に分布の偏りがみられる。舞台が宿屋、船宿であることが多い。六部や僧、薬屋などが料理を食べないよう知らせ、危機を逃れる。この話では、猫を殺した人物に死が迫るのではなく飼い主が死ぬという結末になっている。この話には特定の場所が示されており、世間話化の傾向といえる。

屁の問答（鍬取り物語）

むかし、「屁まっつぁん」と呼ばれる屁ひりの名人がいた。屁まっつぁんは鍛冶屋に

鍬を注文に行く。屁まっつぁんの長屁たれと鍬打ちの長さを比べてみよう、鍬を打ち終わるまで続いたら鍬をやると言われる。鍛冶屋が「トン」むこう打ちが「カン」、屁まっつぁん「プー」。「トンカンプー」「トンカンプー」とひり続けて約束通り、立派な鍬をもらって帰った（「鍬取り物語」『丹沢山麓秦野の民話　中』）。

　昔話「屁ひり爺」では真似をした隣の爺が失敗する。笑話「屁ひり嫁」や「部屋の由来」など、屁にまつわる昔話は全国にみられる。

大歳の火　橋戸の農家に夫婦がいた。大晦日の夜、姑が「大晦日の火を元旦まで残し、朝食を作るのが習わしです。」と伝える。一晩中火の番をしていたが嫁は眠り、火が消えてしまう。鐘の音が聞こえるので、火種を分けてもらおうと外に出る。「ロウソクは貸せないが、葬式ごとならくれてやる。」と言われ、葬式ごと納屋に隠しておく。翌朝、亭主と姑に話すと嫁の処置に涙を流して喜ぶ。納戸の葬式は金のこごり（塊）になっていた。夫婦仲の良かった賜だと伝えられている（「大歳の火」『横浜の民話』）。

　昔話「大歳の客」も同様に、大歳の来訪者を接待した者が、来訪者の死体が黄金に化して富を得る話で、タタラや金属伝承との関連が指摘される。

朝茶は魔除け　山の麓におじいさんとおばあさんが住んでいる。山の主である大蛇は二人を飲んでしまおうと機会をうかがっている。二人は「茶飲んで一仕事しべぇよう。」「茶飲んでからにしべぇよう。」と話す。「蛇飲んで」と聞き違えた大蛇は、恐れて二度と近づかなかったという（「朝茶はま除け」『丹沢山麓秦野の民話　上』）。

　「朝茶は二杯」「朝茶はその日の難逃れ」といったことわざと同様に、朝茶の功徳を伝える昔話といえる。

おもな民話（伝説）

禅師丸柿　ある時、一人の僧が王禅寺に来た。住職に「柿を恵んでください」と手を合わせた。住職は、「差し上げたいが、渋柿です。酒に漬けて甘柿にしておきます」と申した。僧は、「御仏の力で甘柿に進ぜよう」と言い、木の幹に「妙法」と書いた。こうして広まったのが王禅寺丸柿で、その僧は弘法大師であったとされる（「禅師丸柿と弘法伝説」『川崎の民話と伝説』）。

江戸時代、セリにかけた時、「王禅寺丸」とやったのでは気合がかから
ない。そこで、「禅師丸だぁー」と「王」を飛ばして言うようになった（「王
禅寺の柿の木」『神奈川こども伝承文化発掘・収集報告書』）。徳川秀忠が
鷹狩りに来て、子孫のために柿を育てる僧侶の言葉に心をうたれて鷹狩り
をせずに帰った（『日本の伝説 20 神奈川の伝説』）という話もある。

　1995年、「柿生禅師丸柿保存会」が結成された。2007年王禅寺に生育す
る原木を含む7本が、国の登録記念物に指定され文化財として保護されて
いる（国指定文化財データベース）。

だいだらぼっち

富士山を藤蔓で背負い西からやって来た大きな男
が、富士山を下ろして大山に腰掛けると大山が平た
くなってしまった。男が相模川の水を飲んむと干上がってしまった。富士
山を縛っていた藤蔓を力任せにひっぱったら、切れてしまった。代わりの
藤蔓を探し回るが見つからず痼癪を起こしてしまう。それから、相模原に
は藤蔓が生えない。地団駄踏んだ場所が鹿沼と菖蒲沼になり、褌をひきず
ってできた窪地をふんどし窪という（「でいらぼう」『かながわのむかしば
なし五〇選』）。

　むかし、デーゴー坊という大入道が長沢にやって来た時に、三浦富士を
一またぎにまたいだが、房州に渡る時にちょっとためらって力を入れなお
した。その足跡が池になった（「デーゴー坊」『三浦半島の伝説』）。

蕎麦を作らない村

厚木市の棚沢市島では、蕎麦を作らない。むか
し小田原の北条氏と甲斐国の武田軍が戦いをして
いた。武田軍は三増峠（愛川町）を陣地にしていた。武田軍のしんがり
の三島一族は、他の仲間たちと離れてしまった。甲斐国に逃げて帰ろうと
歩き続けると一人の侍が「海だ。向こうの山は、箱根山だ。」と叫んだ。
目の前に白波がたち、ごうごうと海鳴りが聞こえていた。甲斐国に向かっ
ていると思っていたのに、北条軍の中に進んでいると思い、一族は自害し
てしまった。一族が見た白波は蕎麦の花で、海鳴りは中津川の音であった。
市島の村の人は、三島一族をあわれんで、それから蕎麦を作らないことを
誓ったという（「蕎麦を作らない村」『あつぎのむかしむかし』）。

　作物禁忌の伝説は全国に分布しており、この話は戦いに敗れ命を落とし
た原因に結びつけられている。

瞽女淵と土手番さま

境川の堤防が切れた時に通りかかった瞽女が落ちて死んでしまった。それから、瞽女淵と言われるようになった。ここは、堤防が切れやすく、ある時、侍が堤防を守ると書置きと刀を置いて身を投げた。その侍を土手番さまとして祀った（「瞽女淵」「土手番さま」『藤沢の民話第2集』）。

治水、新田開発にまつわる話は「お三さま」として親しまれている横浜市の日枝神社（お三の宮）にも伝えられている。江戸時代、吉田勘兵衛が新田工事をしていた時、吉田家の下女のおさんが人柱となった。おかげで堤は壊れることがなく、新田は完成した（『神奈川県昔話集』）。

おもな民話（世間話）

足柄駒の子のおきつねさん

明治の頃、足柄上郡山北町足柄駒の子に「おきつねさん」と呼ばれる狐が住んでいた。荷車を押したり、部落の様子をながめたりして人々と仲が良かった。ある時、鉄道工事のために「おきつねさん」の住む山が崩されてしまう。「おきつねさん」の仕返しを部落の人たちは心配していた。その後、東海道線が開通。駒の子トンネルから汽車がでると線路上に牛が寝そべっていたり、石が置いてあったりする。調べてみると何もないという怪異現象が続く。部落の人たちは「おきつねさん」の仕業だと信じた。ある日、線路上に牛を見つけたがそのまま汽車を走らせると何かにぶつかった。線路の脇におきつねさんの死体が横たわっていた。部落の人と鉄道の人はトンネルの上におきつねさんを神様として祀り、見守ってくれるように頼んだ（『語りつごうふるさとの民話』）。

同様の話は狸話として、各地に伝わる。獣道を切断した負い目を話に託したものだろうか。鶴見駅を発車した列車の前方からも列車が走ってくる。汽笛を鳴らしブレーキをかけたが、突進してくる。衝突したところにタヌキが死んでいた。鶴見の裏山に住むタヌキが列車をまねたのだろう（『現代民話考3』）。

妖怪伝承

猫の踊

地域の特徴

　神奈川県は、相模国全域、武蔵国の一部からなる。面積は小さいが、地形はとても変化に富んでいる。中央部の平坦地、西北部の山地帯、南部の海岸地帯、東部丘陵地帯などに分けられ、生活環境も民俗も異なってきた。中央部では農業、山地帯では林業、沿海地域では漁業が発達した。

　また、12世紀には鎌倉に幕府が開かれ、政治や文化の中心となった。17世紀には江戸に幕府ができ、東海道が整備されると陸上交通の拠点として各宿場や街道が賑わいをみせた。山地帯に位置する箱根や大山は古くから信仰の地であり、参詣者を集めた。県中央部を南流し、相模湾に注ぐ相模川は、相模湾の海上交通とともに、江戸（東京）への貨物輸送など、交通交易上重要な役割を果たしてきた。南部の三浦半島も半島内丘陵部の交通が不便なため、房総半島と海運による頻繁な往来があった。

　江戸時代、大部分が天領に属し、相模一国を領するような強力な大名による支配はなく、保守的な藩風は、希薄で時代に応じて自由に改新していく傾向にあった。そして、横浜の開港が新たな文化と気風をもたらし、近年は都市化が著しい。

伝承の特徴

　広範囲に伝承されているものとして巨人の伝説がある。箱根のアマノジャクなど、それぞれの土地で地形の由来を説明する話になっている。一つ目小僧やミカワリ婆さんは、年中行事と結びついて出没する、神奈川県を代表する妖怪伝承の一つである。天狗の話は、山にまつわる怪異として、山地帯を中心に平地部でも広く伝承されている。街道が舞台となって伝承され、伝播していくものも多く、猫の踊や虎御石、建長寺の狸和尚などが知られる。水辺の怪異は、池や沼の主としての大蛇や龍、河童など、何らかの事物がまつわって伝承されるものも目立つ。

こうしたかつての自然環境や生活と結びついた妖怪伝承は、都市化が進み、事物や行事に関わるもの以外は語られにくくなっていると思われる。一方、新しい生活環境のなかで、新たな怪異が生じている。

主な妖怪たち

アマノジャク

箱根山にすむ夜だけ力が出る大男のアマノジャクが、富士山を崩して伊豆七島、さらに二子山を創ったという話。アマノジャクは古典や昔話にも登場し、奇石や山の起源譚と結びついたりするが、正体ははっきりしない。神奈川県内にはダイダラボッチなどとよばれる巨人の伝説も多く、横浜市磯子区にはダイダラボッチが安房の国へ行こうとしたときにできた山や足跡の伝承などがある（『横浜の伝説と口碑─中区・磯子区』『ふるさと磯子のむかしばなし・16話』）。

海坊主

海中から現れる妖怪。河童や船幽霊とイメージが重なって伝承されることもある。江の島では、漁に出たときに海が荒れ雨が降り天が真っ黒になると海坊主が出ることがあった。ヒシャク貸してくれとか飯をくれと言う。ヒシャクで水をかけて水船にされてしまうので、ヒシャクは底をぬいてやり、飯は小さい板っぺらか藁などにのせてやる。また、浜で泳いでいると大きな黒いものが立っていたという話もある（『神奈川県民俗シリーズ1　江の島民俗誌　伊勢吉漁師書─鎌倉腰越の民俗』）。近年の事例では1969（昭和44）年に神奈川県の海で白い人影が目撃されヒシャクをくださいと言われた。遭難したヨット部の部員が沈んだヨットから水を汲み出したがっているのだという（『怪』24）。古代、ヤマトタケルノミコトとオトタチバナヒメが走水（横須賀市）から房総へ渡ろうとした際に海が荒れ、オトタチバナヒメが海中に身を投じて沈めた話も共通する伝承であろう。

お菊塚

JR平塚駅近くの紅谷町の公園内にある塚。元はここにお菊さんのお墓があった。1952（昭和27）年の区画整理で移動し、現在は平塚市立野町の晴雲寺に埋葬されている。浄瑠璃『播州皿屋敷』（1741年）や歌舞伎『番町皿屋敷』（1916年）で有名になった、皿屋敷伝承、お菊伝承の一つが伝わる。1740（元文5）年、お菊は平塚宿役人真壁源右衛門の娘で、江戸の旗本青山主膳の屋敷へ奉公に出ていたところ、家宝の皿を紛失した濡れ衣を着せられ、井戸に投げ込まれ殺されてしまった。お菊

の遺体は平塚宿まで送り返されたが、墓石は建てられず栴檀の木が植えられた。お墓を移動する際には、栴檀の木の下からお菊さんと思われる遺骨が現れた。源右衛門の6代目の子孫、真壁敏一氏の父親が14、5歳の頃、東京麹町に住む人が、障子に女の人の髪の毛が触れるような音がして眠れないので、お菊さんの供養をしたいから墓の土を分けてほしいと言って持ち帰ったという（『神奈川の伝説』）。

お化けトンネル

国道311号鎌倉葉山線にあり鎌倉市と逗子市にまたがる「小坪トンネル」。鎌倉から逗子へと向かう名越隧道、逗子隧道、小坪隧道、逗子から鎌倉へと向かう新小坪隧道、新逗子隧道、新名越隧道の6本のトンネルを総称してよぶ。女性の幽霊が落ちてくるなど、多種多様の幽霊が出没する心霊スポットとして有名である。その背景としてトンネル付近にある火葬場の存在があげられることが多い。川端康成の小説「無言」（1953年）にも登場する。

影取池

池や沼の水面に人影が映ると引き込んでしまう水中の主。横浜市戸塚区にあった東海道筋の影取池の伝承が知られる。大尽に大切されていたおはんという大蛇が、家を抜け出し池にすみ、人影を飲んでいたため鉄砲で退治された。影取池や鉄砲宿という名の由来になった。池にすむ怪魚が旅人の影を食べたという話もある。「東海道分間絵図」（1690〔元禄3〕年）には「かんどり」の記述がある。また影取村の名主、羽太家には1650（慶安3）年の影取池の話を記した文書があったという。横浜市港北区中川町（現・都筑区）にも類話がある（「影取の伝説」『ひでばち』20、『神奈川県の民話（県別ふるさとの民話8）』）。

カネダマ

赤く光る玉で、これが落ちた家は金持ちになり、出て行った家は没落するという。川崎市麻生区では明治生まれの方が知人の目撃談として、真っ赤なカネダマが落ちた所があり、見に行ったところわからなかったが、後にそこの主人は偉くなったと話す（『川崎の世間話』）。寒川町では、トビツコウの名でよばれていた妖怪が実はカネダマだったという話がある。博打うちが無一文になり、トビツコウという妖怪に食われて死のうと川原へ行った。その妖怪が飛び付いてきたのだが、実はカネ玉であった。中郡の金持ちの蔵が金でいっぱいになったから飛び出して川原に落ちていたものだったという。博打うちは、一之宮の某家にカネ玉を売る（『寒川町史12別編民俗』）。

蛙石　神奈川県小田原市浜町にある北条稲荷の末社、蛙石明神として祀られてきた。小田原城内にあったものが移されたと伝える。しかし、1902（明治35）年の大津波、1923（大正12）年の関東大震災の際に動かなかったため掘り起こそうとしたが、下部に達しなかったことから岩盤の露出したものではないかと考えられる。小田原城府内に異変がある前には必ず鳴いて知らせた。小田原城落城（1590年）、1703（元禄16）年の大地震、関東大震災、1951（昭和26）年の大火などで鳴いたという。聞く耳をもった人だけに知らせるとも。『東海道中都路往来』（1885年）には「蛙鳴くなる小田原」との記述がある（『かながわの伝説散歩』）。

金太郎　大江山の酒呑童子を退治したとされる伝説上の人物、坂田金時の幼名。童子でありながら怪力を発揮した。近世期に山姥の子どもであるという伝承と結びつき、浮世絵や草双紙にも多く描かれた。浄瑠璃や歌舞伎の舞台にもなった相模国足柄山（現・神奈川県南足柄市金時山）が有名で、金時山には金太郎伝承と事物が多数ある。金太郎が母と暮らしたのが「宿り石」。この石は1931（昭和6）年、二つに割れたことがあり、それがきっかけとなり金時祭を復活したという。このほか、姥子温泉、金時杉、金時神社、猪鼻神社がある（『かながわの伝説散歩』『箱根の民話と伝説』『新・足柄山の金太郎』）。

さわげ婆　横浜市港南区日野中央にあったという観音堂付近に現れた亡霊。村人をあの世に連れて行ってしまい、さわげ婆を見た者は必ず死ぬという。観音堂は、鎌倉街道沿いの春日神社・徳恩寺（横浜市港南区日野中央）から、峰の阿弥陀堂・護念寺（横浜市磯子区峰町）へと続く道の途中の村境にあった。江戸時代、観音堂の堂守が強盗に殺され、観音堂に悪さをすると祟りがあるといわれていた。護念寺は落語「強情灸」の舞台にもなっている峰の灸で有名なお寺で、観音堂のある道は灸点道といった。五輪さまとよばれる不思議な石もある。また、徳恩寺は新四国東国霊場の一つになっており、「ざんげ、ざんげ」と唱えながら峰の阿弥陀堂へ向かう巡礼が通った道でもある（『ふるさと港南の昔ばなし50話―港南区制25周年記念誌』）。

狸和尚　「文福茶釜」の昔話や伝説など動物報恩として伝承される。神奈川県では狸（ムジナ）が、鎌倉の建長寺の和尚に化けて山門再興のため勧請の旅をしてまわるが、宿泊先の家主や犬に怪しまれ正

体を現したり殺されたりするという話が多い。泊まった家などに謝礼として狸和尚自筆の書画を残すことがあり、各地でゆかりの品が伝存されてきた。建長寺山門は1755（宝暦5）年に再建されており、津久井の旧内郷村が、実際の山門建立に関わっていたことは、当地の1766（明和3）年の文書によって確認できるという。また、狸和尚の話は、『甲子夜話』『燕石雑志』『兎園小説』『指田日記』（1838〔天保9〕年）など、江戸時代の文献にも残されている（『神奈川県昔話集第2冊』）。

タンザー山の化物

丹沢の山に入った猟師が、行灯のそばで娘が糸車を回しているのを目撃する。娘をねらって撃つが変わらない。最後の一発で行灯を撃つと消えて、ムジナが化けていたことがわかる。1951（昭和26）年当時84歳の、足柄上郡に住む方の話（「三保聞書」『民俗採訪昭和26年度』國學院大學文学会民俗学研究会）。

天狗

山中にすみ、空を飛ぶなどさまざまな力をもつ妖怪。津久井や足柄の山間部では、天狗の神隠しにあった話、天狗と賭け将棋をした話、天狗のたまり場など、豊富な伝承がある（『神奈川の民話と伝説（下）』）。『相州内郷村話』（1924年）には、天狗の悪戯などの話のほか、川天狗という火の玉のことも記されている。平地部にも伝承はある。横浜市港南区では、大山へ雨乞いに行った帰りに大山道で天狗に道案内してもらった話が伝わる（『ふるさと港南の昔ばなし50話』）。川崎市麻生区では、明治生まれの女性から、父親が最乗寺道了尊の天狗にさらわれた話を聞いている（『川崎の世間話』）。横浜市神奈川区の大綱金刀比羅神社には天狗の腰掛松などの伝承がある（『よこはまの民話（神奈川の民話1）』）。

虎御石

東海道沿い、大磯駅近くの延台寺に安置されている石。「曽我物語」の曽我兄弟や虎御前伝承が伝わる。子どもに恵まれなかった山下長者が虎池弁天に願を掛けたところ小石を授かった。やがて女の子が産まれ、虎と名付けた。不思議なことに虎の成長とともに石も大きくなった。後に、曽我兄弟（十郎）が工藤祐経に襲われたときに、石が身代わりとなり難を逃れたので、十郎の身代わり石ともよばれるようになった。『東海道名所記』（1659年頃）には、よき男は持ち上がり、あしき男は上がらない、色ごのみの石とある。明治生まれの男性の話では、力石といわれており、これをさすれば幸せになるとか力がつくとか言って、東海道を通る人がさすっていた。また、願を掛けて持ち上げると、かなうとき

には軽く持ち上がるともいう（『大磯町史8別編民俗』）。武田久吉氏（理学博士）の調査によれば、江戸で出開帳（でがいちょう）をしたり、怪音を発したりしたこともあったようだ（「理科系の伝説研究─武田久吉「大磯の虎御石」をめぐって」『昔話伝説研究』35）。

猫の踊　猫の怪異。猫が踊る怪は昔話や歌舞伎にもあるが、集団で特定の場所に集まって踊るという伝承も各地に伝わる。特に横浜市泉区では、「踊場」という地名にまつわって伝承されており、化け猫の霊を祀ったなどとされる供養塔もある。話のヴァリエーションも豊富で、伝承の範囲も広い。踊場は、東海道の戸塚と厚木・大山を結ぶ長後街道沿いに位置しているが、戸塚からの道は急な登り坂で踊場を頂点とする難所になっていた。かつては村境の寂しい地でもあり、追い剥ぎや辻斬りも出たといわれている。藤沢では、厚木の猫が横浜へお使いに行ったところ、踊場で猫が踊っていたので、使いの用を足すのを忘れて一緒になって踊ってしまい殺されてしまったなどという話も報告されており、子どもの頃には道草をするなという意味で「踊場にまわらないで早く帰ってくるんだよ」と言われたりしたという（『藤沢の民話第3集』）。

一つ目小僧　事八日に出没して疫病をもたらす妖怪として伝承されている。目一つ小僧、ヨウカゾウなどともよばれる。一つ目小僧が来るのを防ぐため、目籠を立てたりする。神奈川県では小正月の火祭りの由来を説く「一つ目小僧と道祖神」として語られるのが特徴的である。また、川崎市と横浜市にかけては、ミカワリ婆さんという三隣亡（さんりんぼう）の日に関わりの深い来訪神の伝承と重なったり混同したりもする。

物言う魚　釣った魚などが物を言う怪異。水にすむ主とされる。全国的に分布しているが報告例は多くはない。神奈川県では津久井や愛甲郡に伝承されている。魚の種類もいろいろだが、県内では鰻（うなぎ）などがある。また、水蜘蛛が糸を掛けて淵に引き込もうとする伝承と結びついている事例もある。天狗坊淵、オトボウガ淵など、実際の淵にまつわって語られる（『神奈川県昔話集第1冊』）。

高校野球

神奈川県高校野球史

　1896年横浜で一高と横浜在住の米国人チームが対戦して一高が勝ったという記録があるが，そのときすでに横浜商業と神奈川師範の2校で野球が行われていたという．横浜商業はこれを契機に正式に創部した．続いて神奈川一中（現在の希望ヶ丘高校），神奈川二中（現在の小田原高校）でも創部された．

　1923年横浜商業が神奈川県勢として初めて全国大会に出場，33年夏には横浜商業が神奈川県勢として甲子園初勝利をあげ，ベスト8まで進んでいる．

　49年夏，創部3年目の進学校・湘南高校が甲子園に初出場を果たし，初優勝を達成した．このときの脇村春夫三塁手は後に東大や社会人でも活躍し，高野連会長も務めた．

　55年夏，法政二高が甲子園に2度目の出場，以後同校は黄金時代を迎え，県内で圧倒的な強さを誇った．また，これ以降，神奈川県では私立高校が代表校をほぼ独占することになった．市立の横浜商業は甲子園に出場しているが，県立高校はまったく甲子園に進むことはできなくなってしまった．

　57年夏，法政二高が甲子園で準優勝．以後夏の甲子園に5年連続して出場した．60年夏には2年生エースの柴田勲が2回戦以降4試合連続完封で初優勝，翌61年選抜でも優勝して，夏春連覇を達成した．

　66年，前年夏に初出場の三池工業を全国優勝させた原貢監督が，当時新設校だった東海大相模高校に招聘され，4年目の69年夏に初出場．70年夏には同校の猛打が爆発して初優勝を達成した．

　この優勝をきっかけに，以後85年まで神奈川県の高校野球は黄金時代を迎え，全国の高校野球の頂点に立った．また，甲子園の代表も，東海大相模高校，桐蔭学園高校，横浜高校，横浜商業の4校でほぼ独占した．

　71年夏には桐蔭学園高校が初出場で優勝し，神奈川県勢は前年の東海大

相模高校に続いて2連覇を達成．73年選抜では2年生エース永川英植を擁した横浜高校が優勝した．

74年には東海大相模高校が出場，原貢監督の長男で1年生の原辰徳がサードで5番として注目を集め，準々決勝では定岡正二投手率いる鹿児島実業に延長15回の末に敗れた．同校は翌75年選抜では準優勝，夏も準々決勝まで進んだ．

79年，戦前の強豪だった横浜商業が41年振りに甲子園に復活して話題になった．夏の大会に限れば実に46年振りの大復活で，ベスト4まで進んでいる．80年夏には横浜高校が優勝，83年には横浜商業が春夏連続して準優勝した．

90年代になると，92年春に東海大相模高校が15年振りに甲子園に復活して準優勝．同校と桐蔭学園高校，横浜高校が3強となり，2000年春には東海大相模高校が2回目の優勝を果たした．一方，横浜高校は毎年のように複数の好選手を擁していながら甲子園では良い成績をあげることができない，という状態が続いていたが，98年には史上5校目の春夏連覇を達成，さらに松坂大輔投手による決勝戦のノーヒットノーランや公式戦年間無敗という大記録を樹立した．

2000年代には横浜高校と東海大相模高校が2強状態を確立，これに慶応高校や桐光学園高校が絡む展開となり，06年春に横浜高校，11年春に東海大相模高校が優勝，翌12年夏には桐光学園高校の2年生松井裕樹投手が大会新記録の22奪三振を記録した．その後は，東海大相模高校が15年夏と21年選抜で優勝するなど，横浜高校の渡辺監督の引退もあって1強状態になりつつある．

21世紀以降，甲子園に初出場した学校は春夏合わせても桐光学園高校と横浜隼人高校の2校しかなく，甲子園出場校の寡占化が進んでいる．また，かつては200校を超えて全国最多だった夏の県大会の参加校も，高校の統合などで大きく減少し，現在は愛知県を下回ることが多い．

浅野高 (横浜市, 私立)
春1回・夏3回出場
通算2勝4敗

　1920年浅野綜合中学校として創立. 48年の学制改革で浅野学園高校となった. 51年浅野高校と改称.

　24年に創部し, 37年夏に甲子園初出場. 38年夏にはベスト8まで進んだ. 戦後も, 浅野学園高校時代の48年夏に出場している.

鎌倉学園高 (鎌倉市, 私立)
春2回・夏0回出場
通算2勝2敗

　建長寺が師弟教育のために設立した宗学林が母体. 1922年鎌倉中学校として創立. 47年の学制改革で鎌倉高校を設置. 75年鎌倉学園高校と改称.

　32年創部. 62年選抜で甲子園に初出場すると, ベスト8まで進んだ. 69年の選抜にも出場している.

神奈川商工 (横浜市, 県立)
春1回・夏3回出場
通算1勝4敗

　1920年県立商工実習学校として創立. 48年の学制改革で県立商工高校と改称. 23年に創部し, 28年夏に甲子園初出場. 31年には春夏連続出場している. 戦後も, 50年夏に出場し, 初戦を突破している.

慶応高 (横浜市, 私立)
春6回・夏14回出場
通算19勝18敗, 優勝1回, 準優勝1回

　慶応普通部を母体に, 1948年東京・麻布に慶応第一高校が創立され, 49年慶応第二高校 (旧慶応商工) と統合して慶応義塾高校となり, 三田に移る. 後に横浜市日吉に移転, 神奈川県大会に参加するようになった.

　慶応普通部では1886年頃から野球が行われていたというが, 正式には92年に創部. 1916年夏の第2回大会で優勝, 20年夏には準優勝している. 戦後もしばらく出場していたが, 62年夏を最後に低迷. 2005年春に43年振りに甲子園に復活し, ベスト8に進んだ. 以後は出場を重ねている.

　慶応商工・慶応二高も春夏合わせて8回出場し, 戦績は1勝8敗である.

湘南高 (藤沢市, 県立)
春2回・夏1回出場
通算4勝2敗, 優勝1回

　1921年県立湘南中学として創立. 48年の学制改革で湘南高校となった.

終戦直後の45年秋に軟式で創部し，46年に硬式で正式に創部．3年目の49年夏甲子園に初出場で全国制覇を達成した．このときの三塁手が後の脇村春夫高野連会長である．その後，51年春と54年春にも出場した．

桐蔭学園高 （横浜市，私立）
春6回・夏6回出場
通算16勝11敗，優勝1回

1964年に創立し，66年に創部．71年夏甲子園に初出場するといきなり全国制覇を達成した．88年選抜でもベスト4まで進んでいる．近年は2019年選抜に出場している．

桐光学園高 （川崎市，私立）
春1回・夏4回出場
通算8勝5敗

1978年桐光学園高校として創立し，同時に創部．2001年選抜で甲子園初出場．12年夏には松井裕樹投手が初戦で今治西高校から大会新記録の22奪三振を奪うなど，ベスト8まで進んだ．

東海大相模高 （相模原市，私立）
春12回・夏11回出場
通算47勝17敗，優勝5回，準優勝3回

1963年東海大学の6番目の付属校として創立し，同時に創部．66年，前年夏に初出場の三池工を全国優勝させた原貢監督を招聘した．69年夏に初出場すると，翌70年夏には全国制覇，以後は全国的な強豪校として活躍．春夏合わせて決勝に7回進出，2015年夏，2021年選抜で優勝するなど優勝5回を数える．

日大藤沢高 （藤沢市，私立）
春3回・夏1回出場
通算6勝4敗

1949年日大農林学部附属校の日大農林高校として創立．50年日大藤沢高校に改称．51年日大横須賀高校を統合した．

52年創部．90年選抜で甲子園に初出場．98年選抜ではベスト4まで進んだ．2007年選抜にも出場．

武相高 （横浜市，私立）
春0回・夏4回出場
通算2勝4敗

1942年武相中学校として創立．48年の学制改革で武相高校となる．

47年創部．64年夏に甲子園初出場，以後68年夏までの5年間で夏の甲子園に4回出場した．

法政二高 (川崎市, 私立)
春2回・夏9回出場
通算19勝9敗, 優勝2回, 準優勝1回

1939年法政大学の付属中学校として創立. 48年の学制改革で法政大学第二高校となる.

48年創部. 52年夏に甲子園初出場. 57年夏準優勝. 60年夏に2年生の柴田勲投手を擁して全国制覇. 翌61年選抜では夏春連覇を達成した. 同年夏はベスト4. 88年夏を最後に出場していない.

横浜高 (横浜市, 私立)
春16回・夏18回出場
通算58勝29敗, 優勝5回, 準優勝1回

1942年横浜中学校として創立. 47年本牧中学校を合併し, 48年の学制改革で横浜高校となる.

46年創部. 63年夏に甲子園初出場でベスト4に進出. 68年渡辺元(後に元智と改名)が監督に就任すると, 73年選抜で初優勝. 以後は全国を代表する強豪校として活躍. 80年夏にはエースで4番の愛甲猛を擁して全国制覇. 98年には松坂大輔投手を擁して春夏連覇を達成した. 2006年春にも優勝している. プロ野球に多くの選手を輩出することでも知られる.

横浜商 (横浜市, 市立)
春9回・夏7回出場
通算25勝16敗1分, 準優勝2回

1882年横浜商法学校として創立. 88年横浜商業学校, 1917年横浜市立商業学校となる. 48年の学制改革で横浜商業高校と改称. Y校と呼ばれる.

1896年に創部した県内屈指の名門. 1923年夏に全国大会に出場, 戦前だけで7回出場した. その後, 長い低迷時期を経て, 79年夏に41年振りに甲子園に復活するとベスト4まで進出. 83年は春夏連続して準優勝するなど, 80年代には全国屈指の強豪校だった. 97年春を最後に出場していない.

横浜商大高 (横浜市, 私立)
春1回・夏3回出場
通算4勝4敗

1941年横浜第一商業学校として創立. 48年の学制改革で横浜第一商業高校となる. 75年横浜商科大学高校と改称.

41年に軟式で創部し, 後に硬式に移行. 横浜第一商業時代の66年夏甲子園に初出場してベスト8に進出, 93年夏には3回戦まで進んだ.

㉛神奈川県大会結果（平成以降）

		優勝校	スコア	準優勝校	ベスト4		甲子園成績
1989年		横浜高	7－6	日大藤沢高	山北高	横浜商	初戦敗退
1990年		横浜商	3－1	神奈川工	桐蔭学園高	川崎北高	ベスト8
1991年		桐蔭学園高	11－7	横浜高	武相高	横浜商	3回戦
1992年		桐蔭学園高	10－8	横浜高	日大藤沢高	横浜商	初戦敗退
1993年		横浜商大高	2－1	横浜高	山北高	日大藤沢高	3回戦
1994年		横浜高	7－2	日大藤沢高	横浜商工	湘南高	初戦敗退
1995年		日大藤沢高	4－2	慶応高	横浜高	横浜商大高	3回戦
1996年		横浜高	7－3	日大藤沢高	藤嶺藤沢高	武相高	3回戦
1997年		桐蔭学園高	5－3	横浜商	鎌倉学園高	横浜高	2回戦
1998年	東	横浜高	14－3	桐光学園高	横浜商大高	横浜商	優勝
	西	平塚学園高	10－2	東海大相模高	日大藤沢高	藤嶺藤沢高	2回戦
1999年		桐蔭学園高	16－3	桜丘高	横浜高	桐光学園高	ベスト8
2000年		横浜高	5－3	桐光学園高	神奈川商工	横浜商大高	ベスト8
2001年		横浜高	10－7	桐光学園高	桐蔭学園高	東海大相模高	ベスト4
2002年		桐光学園高	2－0	東海大相模高	平塚学園高	桐蔭学園高	3回戦
2003年		横浜商大高	7－2	横浜高	桐光学園高	東海大相模高	初戦敗退
2004年		横浜高	12－0	神奈川工	横浜商大高	横浜隼人高	ベスト8
2005年		桐光学園高	11－5	慶応高	日大高	東海大相模高	3回戦
2006年		横浜高	15－7	東海大相模高	桐蔭学園高	横浜商大高	初戦敗退
2007年		桐光学園高	10－8	東海大相模高	慶応高	横浜高	初戦敗退
2008年	北	慶応高	9－6	東海大相模高	桐光学園高	綾瀬高	ベスト8
	南	横浜高	8－2	横浜創学館高	藤沢西高	藤沢総合高	ベスト4
2009年		横浜隼人高	6－5	桐蔭学園高	桐光学園高	横浜創学館高	2回戦
2010年		東海大相模高	9－3	横浜高	武相高	横浜隼人高	準優勝
2011年		横浜高	2－1	桐光学園高	横浜創学館高	桐蔭学園高	3回戦
2012年		桐光学園高	11－4	桐蔭学園高	平塚学園高	日大藤沢高	ベスト8
2013年		横浜高	3－0	平塚学園高	東海大相模高	桐蔭学園高	3回戦
2014年		東海大相模高	13－0	向上高	横浜高	横浜隼人高	初戦敗退
2015年		東海大相模高	9－0	横浜高	日大藤沢高	桐光学園高	優勝
2016年		横浜高	9－3	慶応高	桐光学園高	桐蔭学園高	2回戦
2017年		横浜高	9－3	東海大相模高	桐光学園高	日大高	初戦敗退
2018年	北	慶応高	7－5	桐光学園高	東海大相模高	横浜商大高	2回戦
	南	横浜高	7－3	鎌倉学園高	星槎国際湘南高	横浜創学館高	3回戦
2019年		東海大相模高	24－1	日大藤沢高	相模原高	桐光学園高	3回戦
2020年		東海大相模高	9－5	相洋高	三浦学苑高	星槎国際湘南高	（中止）

やきもの

真葛焼（花瓶）

地域の歴史的な背景

　関東ローム層の火山灰に覆われた関東地方には、古代・中世にさかの
ぼってみても出土品や窯跡が少ない。とりわけ、神奈川県下には、特筆
すべき古代・中世のそれは皆無に等しい。ただ、鎌倉には出土資料が出
てくる。しかし、それらは、国内六古窯はもとより、各地の窯場からさ
まざまな製品が運ばれていたことを物語っている。さらに、中国や朝鮮
の陶磁器が使われていたことも明らかになっている。鎌倉で焼かれてい
たのは、土師系土器ぐらいと推測されるのだ。

　近世においても、神奈川県下に窯場は見当たらない。本格的なやきも
のづくりが始まるのは、明治以降のことである。安政6（1859）年に、日
米修好条約に基づき横浜が開港されると、国内外を問わず時代の先端を
生きようとする人たちが横浜に移住してきた。その中には、欧化政策の
進む当時の風潮において、逆に日本の優れた美術などを世界に喧伝しよ
うとする人たちもいた。そうした人たちの活躍により、今も残るハマ絵
（横浜浮世絵）やハマ物（芝山漆器・象牙彫・真葛焼など）が誕生したの
である。

　横浜が開港してからは、日本の磁器がアメリカに輸出された。瀬戸（愛
知県）で焼かれたもので、紅茶碗や飾り壺がある。一時期、白素地を瀬
戸から運び、横浜で絵付を行なったときもある。それは、過剰なまでの
絵付であったが、アメリカでは好まれたのであろう。

真葛焼
まくず

　横浜市中区大田町で、宮川香山が始めた、と伝わる。
　　　　　　　　　　みやがわこうざん

　先代の真葛長造が京都の真葛原に窓を開き、号にちなんで真葛焼と
　　　まくずちょうぞう　　　　　　まくずがはら
称したもので、香山もしばらくは真葛原で陶業を続けた。

　宮川香山が横浜に移住して築窓したのは、明治の初め（1870年代）の
ことである。その目的は、横浜で日本風のやきものをつくり外国人に売
るためであった。香山が日本の陶芸技術を世界に知らしめるため、窓業
の伝統がまったくない横浜に移住してきたことは、特筆に値しよう。

　当初は、陶土を薩摩から取り寄せ、京焼きの流れを汲んだ雅陶が中心
であったが、やがて磁器へと発展していった。そして、内外の博覧会で
数多くの賞を受賞。「マクズ・ウエア」の名で海外に多数輸出され、特に
鳥や花、虫を精巧にかたどった絵付の花瓶や壺など、技巧を極めた作風
が海外で高い評価を得た。

　真葛焼は香山の後、3代続いたが、昭和20（1945）年に横浜を襲った
大空襲で失われた。

その他の窯

　神奈川県は、窯業の伝統のない地であったが、近代日本の陶芸界で指
導的な役割を果たした陶芸家たちが県下各地に窯を開いている。

　最もよく知られるのは、北大路魯山人（明治16～昭和34〈1883～1959〉
　　　　　　　　　　　きたおおじろさんじん
年）であろう。魯山人は、大正14（1925）年に鎌倉の山崎に築窯し、食
器類を中心に、志野や織部、信楽、唐津などの陶器の他、白磁や色絵磁
器も製作した。最近、とみにその作品の評価が高まっていることは、周
知のとおりである。

　日本工芸会の理事長を務めた加藤土師萌（明治33～昭和53〈1900～
　　　　　　　　　　　　　　かとうはじめ
78〉年）は、昭和15（1940）年に横浜の日吉で作陶に専念している。昭和
36（1961）年には、色絵磁器によって重要無形文化財技術保持者（人間

国宝）になっている。

また、昭和38（1963）年に芸術院恩賜賞を受賞した河村蜻山（明治23〜昭和42〈1890〜1967〉年）は、晩年北鎌倉に築窯した。東洋古陶磁の研究で長く文化財保護委員会に席を置いた小山冨士夫（明治33〜昭和50〈1900〜75〉年）も、退官後の昭和41（1966）年、鎌倉に築窯し、宗赤絵風の作品をつくった。

なお、民芸運動で知られる濱田庄司（明治27〜昭和53〈1894〜1978〉年）は、川崎市溝ノ口の生まれである。県内に築窯はしなかったが、益子（栃木県）や沖縄で民芸陶器の製作に当たった。

このように著名な陶芸家の影響を受けて、現在でも県下各地に昭和生まれの陶芸家が活躍をしている。

 Topics ● 箱根美術館

箱根美術館（足柄郡箱根町）は、箱根で最も古い美術館である。開館は昭和27（1952）年。世界救世教の教祖・岡田茂吉が生前に収集した東洋の陶磁器を展示している。

茂吉は、優れた美術品には人々の魂を浄化し、心に安らぎを与え、幸福に誘う力がある、として、一人でも多くの人に見せ、楽しませ、人間の品性を向上させることこそ文化の発展に大いに寄与する、という信念を持っていた。そして、積極的に東洋美術の収集に努め、海外への流出を防ごうとした。昭和19（1944）年、拠点を箱根強羅に移し、昭和25（1950）年に世界救世教を設立。その2年後に箱根美術館の開館に至った。

箱根美術館では、鎌倉・室町時代につくられた六古窯の壺や甕を中心に、縄文時代の土器から江戸時代の色絵磁器までを常設展示している。

なお、昭和57（1982）年に姉妹館であるMOA美術館（熱海市・旧熱海美術館）の開館もみた。

Ⅳ

風景の文化編

地名由来

「神奈川」って何？

よくよく考えてみると、「神奈川県」という県名は不可思議である。「横浜」「鎌倉」「湘南」「川崎」など高名な都市名や地域名がたくさんあるのになぜか「神奈川」である。その謎を解いてみよう。

「神奈川」の名前は慶長6年（1601）に幕府が伝馬の制の制定と共に「宿場」を設定したことに始まる。「神奈川宿」は東海道五十三次の1つで、「日本橋」「品川」「川崎」と来て、その次が「神奈川」だった。今の「東神奈川駅」周辺がその宿場であった。

この神奈川宿が一躍脚光を浴びることになったのは、安政5年（1858）に締結された「日米修好通商条約」であった。この条約によって当時すでに開港されていた「箱舘」と「下田」に加えて、新たに「神奈川」「長崎」「新潟」「兵庫」の4港が開港されることになった。これらのうち、「神奈川」「長崎」「新潟」「兵庫」が今でも県名として使用されている。

ところで、以上の経緯からすれば、「神奈川宿」に港を開くのが筋であった。が、当時絶大な権力を振るっていた井伊直弼が神奈川開港に異議を唱えた。井伊直弼は、神奈川宿のように多くの武士や一般の人々が往来する宿場に開港することはきわめて危険だと考えた。現にその数年後にはこの近くの生麦村でイギリス人商人が薩摩藩士に殺傷されるといったいわゆる生麦事件（文久2年（1862））が起こっている。これはある意味、正しい判断であったろう。

そこで、幕府は条約上では「神奈川」となっているにもかかわらず、あえて少し離れた「横浜」に港を建設することにした。当時の横浜は戸数が100戸程度の小さな港に過ぎなかった。

当然のこととして条約を結んだハリスはクレームをつけたが、幕府の説明は「横浜は神奈川の一部である」ということで押し切ったという。今から考えれば、なかなかの外交手腕である。実は神奈川から横浜までは海を

隔てて7キロメートルも離れているのである。それを「横浜は神奈川の一部である」と言い切ったのだから、ほめてあげたい気持ちにもなる。

　冷や汗ものの苦しい説明で「横浜は神奈川の一部である」と言ってしまった以上、もう後には引けない。

　慶応4年（1868）全国に10の「府」を置いたが、「神奈川府」もその1つであった。後に「府」は「東京府」（後に「東京都」）・「京都府」・「大阪府」の3つに絞られるが、「神奈川府」はその3つの次に位置づけられる高い位置にあった。

　廃藩置県の後の明治4年（1871）11月には「神奈川県」と「足柄県」が並立していたが、明治9年（1876）に「神奈川県」に統一されている。県西部の地域と横浜方面では風土も意識も違っているのは、このような歴史的経緯によっている。

　今でも「横浜は神奈川県の一部である」ことは揺るぎない事実である。

とっておきの地名

①伊勢原（いせはら）　江戸時代、関東の多くの農民の信仰を集めた大山詣での入口に当たる。「伊勢原」というだけあって、伊勢国にちなんだ地名である。

　元和6年（1620）、伊勢の曾右衛門という人物が大山詣でに来て、千手が原というところ（現在の千津公園）に泊まったところ、水の音を聞いて開墾に適していると考え、開墾に着手した。しだいに街並みが整ってきたので、伊勢の神様を勧請して鎮守として祀ったという。

　江戸時代は「伊勢原村」だったが、明治22年（1989）の町村制の施行により、「伊勢原村」「板戸村」「東大竹村」「田中村」「池端村」が合併して「伊勢原町（まち）」が成立し、戦後の昭和46年（1971）に「伊勢原市」になって今日に至っている。

②関内（かんない）　「桜木町」駅から「関内」「石川町（ちょう）」に至るまで、JRの線路に沿って今も堀がある。この堀にクロスする形で桜木町寄りには大岡川が東京湾に注いでいる。また、石川町寄りには中村川という川が注いでいる。この3つの堀と川によって区切られた地域を「関内」と呼ぶ。幕末から明治の初めにかけて日本の文明開化の舞台となったところである。

横浜港が開港したのは安政6年（1859）のことだが、当時はまだ日本人による外国人殺傷事件などが相次いで起こっていた時期であり、幕府は川と堀で囲んだ地域をつくり、そこへ出入りする橋のたもとに関門を設けてチェックした。その内側が「関内」であり、その外が「関外」であった。今の伊勢佐木町界隈は「関外」だったことになる。

　関内の中心は波止場と運上所（税関）で、その東側一帯が外国人居留地、西側が日本人の住宅地区に当てられていた。

③鵠沼（くげぬま）　藤沢市に鵠沼という町名がある。藤沢駅から江ノ島に至る一帯だが、一般には「鵠沼海岸」という名前で知られている。かつては「鵠沼村」と称していたが、『新編相模国風土記稿』では「久々比奴末良（くぐいぬまむら）」と読ませている。

　「鵠」とは白鳥の古称である。昔は白鳥のことを「鵠（くぐい）」と呼んでいた。鵠にちなんだ地名はこの藤沢が有名だが、その他にも、徳島県に「鵠（くぐい）」、茨城県に「鵠戸（くぐいど）」などがある。

　江ノ島電鉄の「柳小路駅」の近くに、かつて白鳥が飛来したという池がまだ残されている。

④小動岬（こゆるぎみさき）　鎌倉市腰越にあり、江ノ島を望む小さな岬である。腰越は元暦2年（1185）5月、源義経が兄頼朝の怒りを買い、鎌倉入りを許されなかったため、兄に心情を訴える腰越状を書いたところとして知られ、万福寺には関係の展示もされている。

　弘法大師がこの頂に登った際、風がないのに松の木が揺れたというところから「小動」という地名がついたとされる。江ノ島から七里ヶ浜に向かう境に位置する岬で、小さな山が張り出しているだけのものだが、古来伝承の地として知られる。

⑤酒匂川（さかわがわ）　富士山の東斜面の水を集めて小田原市を通って相模湾に注ぐ河川。古くは「逆川（さかわ）」と記され、海水が逆流して渦を巻いていたことがうかがえる。「逆勾」の文字が原義に近いとされるが、「勾」は「かぎ」であり「曲がる」意味である。「逆」の文字を縁起のよい「酒」に変えて「酒匂川」としたと考えてよい。

⑥**逗子**（ずし）　いくつかの説があるが、いちばん知られているのは、延命寺というお寺にある地蔵尊を安置する「厨子」に由来するという説である。

　その他、荘園に属する「豆師」（図師）（荘園などの収税を管理する役人）が住んでいたという説や、「辻子」（辻のことで、交差点に人の集まる所）という説もある。

⑦**二階堂**（にかいどう）　鎌倉市にある地名。その昔、頼朝が奥州平泉に赴いた際、二階建ての堂を見てびっくりし、鎌倉に二階建ての堂宇を建設したことにちなむという。

　「二階堂」という建物は平泉・鎌倉ともに存在していないが、「二階堂」という地名と姓は現在も存続している。

　二階堂氏はもと藤原姓だったが、二階堂があった鎌倉の永福寺近くに屋敷を構えたことから二階堂を名乗り、代々鎌倉幕府の政所執事の役職を担う要職にあった。

⑧**走水**（はしりみず）　日本武尊が相模国から上総国に渡る際、暴風に遭い、弟橘媛が入水して日本武尊を助けたという話は記紀にも記されているので、よく知られている。浦賀水道の潮の流れが速く、水が走っているようなところから「走水」という地名が生まれたとされている。この地から見ると、房総の地は手に取るように間近に見え、その水道を流れる水が速いのでこの地名がついた。他方、横須賀市の水源にもなって、湧水が豊富であることにちなむという説もあるが、ちょっと苦しい。

　同地に走水神社が鎮座していることからみても、日本武尊の伝説にちなむものであると言ってよい。

⑨**平塚**（ひらつか）　桓武天皇の孫に当たる高見王の娘の政子が東国に下向した際、病で倒れ、この地で亡くなったという。人々は姫の死を悼み、塚を築いて弔ったという。しかし、いつの間にか塚も平らになってしまい、「平塚」と呼ばれるようになったという。

　政子は桓武平氏の祖といわれる高望王の妹に当たり、平家にちなんで「平塚」としたという説もある。このほうが信憑性が高いかもしれない。

塚があった場所は現在の平塚四丁目の日蓮宗要法寺の西隣で、1メートルほどの塚が築かれ、政子が葬られてから三代目という松が植えられている。

難読地名の由来

a.「**明津**」（川崎市）**b.**「**砂子**」（川崎市）**c.**「**伯母様**」（伊勢原市）**d.**「**纒**」（平塚市）**e.**「**松田庶子**」（足柄上郡松田町）**f.**「**寄**」（足柄上郡松田町）**g.**「**姥子温泉**」（足柄下郡箱根町）**h.**「**名古木**」（秦野市）**i.**「**化粧坂**」（鎌倉市）**j.**「**大鋸**」（藤沢市）

【正解】

a.「あくつ」（圷のことで、低湿地帯を指す）**b.**「いさご」（仏像が海浜に打ち上げられた時、砂子をかき寄せて安置したという伝承がある。単純に砂地であったことによる）**c.**「おばさま」（昔、武内宿禰の伯母様が住んだという）**d.**「まとい」（まとわりつく地形からか）**e.**「まつだそし」（「庶子」とは中世、「惣領」に従属していた一門の子弟のことで、松田氏の流れを汲む。「松田惣領」という地名もある）**f.**「やどりき」（7つの村が寄り合って成立したことにちなむ）**g.**「うばこおんせん」（傷めた金太郎の眼を、山姥が湯で洗って治したという伝説がある）**h.**「ながぬき」（「なごぬき」とも読み、何らかの意味で地形によるものと思われる）**i.**「けわいざか」（討ち取った首に化粧して実検したといわれる）**j.**「だいぎり」（昔、大工職人が居住したことによる）

商店街

元町商店街（横浜市）

神奈川県の商店街の概観

　神奈川県は、人口918万人（2018年）で、東京都に次いで全国第2位を誇る。そのうち、横浜市374万人、川崎市151万人と両都市を合わせると、500万人を超え、県人口の半数以上を占めている。市町村別に見た小売業の年間商品販売額の構成比（2014年）では、横浜市が県全体の45.7％を占め、川崎市が12.9％、相模原市が7.3％の順となり、上位3都市で6割強を占めている。商店街も横浜、川崎の両都市に集中し、個性的なイベントで知名度を上げている商店街が目立つ。

　横浜市の都心部に立地する中心商店街として、開港以来150年の歴史を誇る「元町商店街」や「伊勢佐木町商店街」などが全国的に有名である。近年はその中心が、JR横浜駅を中心としたエリアに移り、徐々に商業地としての地位は低下しつつあるが、ファッション通の人々には根強い人気と知名度を誇る老舗専門店も多く、隣接する中華街を含めて多くの観光客で賑わっている。中心商店街の周辺部では、六角橋、横浜橋通、洪福寺松原の「横浜三大商店街」があり、庶民的で地域住民に親しまれている。

　川崎市にはJR川崎駅東口の「銀柳街商店街」や「川崎大師仲見世通商店街」など庶民的な商店街が多い。内陸部では、東急田園都市線沿線で大山街道の宿に起源する「溝の口西口商店街」は、レトロな姿を残しながら、新しい商業地に変貌している。また、東急東横線の元住吉駅西口の「モトスミ・ブレーメン通り商店街」は、ドイツ・ブレーメン市の商店街との友好提携にちなんで名づけられ、賑わいを見せている。

　2都市以外では、東海道本線・横須賀線、小田急小田原線・江ノ島線沿線の小田原、鎌倉、藤沢、平塚、本厚木、東林間（相模原市）の各駅前に比較的大きな商店街が発達している。特に、鎌倉駅東口から鶴岡八幡宮まで伸びる「鎌倉小町通り」は、土産物やカフェなどが立ち並び、ぶらり散

歩が楽しめる観光商店街として賑わっている。また、横須賀では、日本と米国の雰囲気が融合した「どぶ板通り商店街」が知られている。

　一方で、大型マンションやニュータウン建設に伴い、周辺に大型商業施設が増加し、県内の最寄品中心の近隣型・地域型商店街の多くは衰退を招いている。また、鉄道の直通運転・相互乗入れなど公共交通網の整備により、乗換えなしに短時間で渋谷や新宿などの商業地区に行くことが可能となったことから、買い物客の東京都心への流出傾向がみられ、以前と比べて来店者数が伸び悩んでいる商店街も多い。

　危機感を持った県内の商店街では、商店街活性化の取組みを熱心に進めているところも多い。湘南ひらつか七夕まつりは「平塚市商店街連合会」が共催し全国的に有名であるが、その他、「小田急伊勢原駅前中央商店会」では商店街の通りに名称を付け、商店街のブランド化を図るなど様々な取組みにより、2017年度「かながわ商店街大賞」を受賞している。また、25年以上前から阿波踊りのイベントを積極的に行い、街を支えている相模原市の「東林間商店街」などがある。一方で、神奈川県内の商店街では地域コミュニティの中核として、身近な買い物の場としての役割が強く求められている。商店街観光ツアーや祭り、イベント、子育て・高齢者支援、まちゼミなど多方面との連携を図りながら商店街の活性化や魅力アップを進めている。

神奈川県
Kanagawa

横浜市
六角橋商店街

横浜市
元町商店街

横須賀市
横須賀本町どぶ板通り商店街

小田原市
小田原ダイヤ街商店会、錦通り商店街、おしゃれ横丁

元町商店街 (横浜市)

—みなとまちヨコハマを代表する中心商店街—

　JR根岸線石川町駅を下車してすぐのところにある元町商店街は、別名、元町ショッピングストリートと呼ばれている。商店街の南側は山手の丘陵地、北側は山下町（中華街）と隣接している。元町の始まりは1859年の横浜開港当時まで遡る。当時、元町は横浜村にあったが、現在の日本大通りを境に、日本人商業地区と外国人居留地区が整備されることになり、翌1860年に横浜村の居住民90戸が隣接する本村に強制移転させられた。その年に「本村」を「横浜元町」に地名変更したのが元町の始まりと言われている。

　明治の初め頃には、山手居留地に外国人が住むようになり、この元町付近が山手の住居地と中心部・関内の業務地を結ぶ外国人の日常的な通り道となった。それに伴い、外国人を対象に商売を始める者が自然発生的に増えていった。現在は横浜を代表するおしゃれエリアとして、商店街のメインストリートには「元町ブランド」の老舗が数多く並んでいる。元町商店街には、横浜を代表するバッグや婦人靴、メンズショップ、紅茶専門店、レース専門店などお洒落で個性的な店が集中している。

　元町商店街は、元町1丁目から5丁目までの一直線に伸びる500mほどの元町通りが中心である。2004年には、この元町通りから1つ山側の元町仲通りをはじめとした5つの通りが結集し、「元町クラフトマンシップ・ストリート」と名づけられた商店街を設立した。元町クラフトマンシップ・ストリートには、フレンチレストランやカフェ、和食店など飲食店も多い。

　元町商店街のまちづくりの基本理念として、①歴史と文化を活かしたまちづくり、②品格のあるまちづくり、③次世代を見据えたまちづくりの3つを柱に、元町ならではの魅力的な街並みを商店街が一体となってつくり上げる努力をしている。また、ほかの商店街に先駆けて、1966年以降、全国の百貨店と販売提携した「元町セール」を展開し、翌年からはパリやローマ、ロンドンなどヨーロッパの商店街と姉妹提携を結び、オリジナル商品を直輸入して販売した。1960年代初頭から、商店街全体で「チャーミングセール」と銘打ち、バーゲンセールを大々的に行い、現在でも元町商店街の一大イベントとなっている。こうした取組みが可能となったのも、

地道な商店街活動の結果とも言える。

六角橋商店街（横浜市）

―昭和の面影を残す商店街プロレス発祥のレトロ商店街―

　横浜三大商店街の1つである六角橋商店街は、東急東横線白楽駅下車すぐの場所にある。旧綱島街道にかかる六角橋商店街アーチまで約300mの両側を中心に商店が並んでいる。そのほとんどは、食料品店、飲食店、家具店、パチンコ店など庶民的な店で構成されている。また、「六角橋商店街大通り」と呼ばれるメインストリートから一筋を入ったところには、「六角橋ふれあい通り商店街（仲見世通り）」という狭くて古いアーケードがある。そのなかには、食堂や魚屋、八百屋、乾物屋、衣服、アンティークの雑貨を扱う店、おもちゃ屋など多種多様な小さな店が集まり、昭和レトロな雰囲気を売りにしている。かつて、この地にかかっていた橋が六角形の材木で組まれていたことから「六角橋」と名づけられたと言われている。近くには、1930年に旧横浜専門学校として当地に移転してきた神奈川大学があり、学生の利用も多い。

　一時期は空き店舗が目立ち、低迷した時期もあったが、個性的なイベントで知名度を上げてきた。戦後すぐにバラックが集まる闇市として発展し、現在の商店街になっていることもあって、毎月第3土曜日には商店街のシンボルイベントでもある「ドッキリヤミ市場」と称するフリーマーケットを開催している。ライブ演奏や古本市などが夜に行われている。また、2003年に大日本プロレスの興業試合が全国の商店街のなかで初めて行われたことから「商店街プロレス発祥の地」としても有名である。

　六角橋商店街では、安心・安全で魅力ある商店街として推し進めていくために、神奈川大学や行政機関などと連携してきた。そのなかで、通りや建築物などに関する基準や、防災や商業環境の取組みなどについて商店街共通のまちづくりルールを策定し、商店街活性化に取り組んできたことが評価された。その結果、経済産業省の「がんばる商店街30選」や、神奈川県の「かながわ商店街大賞」も受賞し、ほかの商店街からも一目置かれる存在となっている。

横須賀本町どぶ板通り商店街（横須賀市）

―日本と米国の雰囲気が交わる商店街―

　京浜急行汐入駅で下車し、海側に歩いてすぐのところにどぶ板通り商店

街がある。戦前は日本海軍工廠の街として発展し、戦後は駐留米軍の街として栄えてきた。もともとは横須賀市本町という地名であるが、付近の道の中央にどぶ川が流れていたため、人の往来や車の通行に邪魔になることから、海軍工廠より厚い鉄板を提供してもらい、どぶ川に蓋をしたことから「どぶ板通り」と呼ばれるようになった。商店街には全長約400mの道の両側に沿って100店舗ほどが集まっている。業種別に見てみると、スカジャン（ヨコスカジャンパーの略）やミリタリーグッズ、アクセサリーを扱う店や、名物「よこすか海軍カレー」「ヨコスカネイビーバーガー」などの飲食店が多いのが特徴である。昼間は観光客で賑わっているが、夜になると、米軍横須賀基地で働く米国人相手の居酒屋やバーが開き、街のムードも一変する。現在は米国人相手の店だけではなく、地元の人向けの楽器店、時計店、家具店、金物店、寿司屋、うなぎ屋、ヘアサロン、コンビニエンスストアなどあらゆる業種の店が混在していて、昔の面影は薄れてきている。

　どぶ板通り商店街の北側に、JR横須賀駅と京浜急行横須賀中央駅を結ぶ国道16号線が並行している。両側には大型商業施設「イオンショッパーズプラザ横須賀」「よこすか芸術劇場」「メルキュールホテル横須賀」などが立ち並ぶ。近くには横須賀製鉄所の建設に貢献したフランス人技師にちなんで名づけられたヴェルニー公園があり、ここから横須賀本港が一望できる。すばらしい景色である。

　現在の横須賀市の商業中心地は、京浜急行横須賀中央駅の中央大通りに面した三笠ビル商店街付近にあるため、どぶ板通り商店街は中心からやや離れている。そのため、どぶ板通り商店街としては、この場所まで買い物客を引き付けようと、年に4回「ドブ板バザール」を開催し、スカジャン着用の買い物客に割引サービスを実施している。また、商店街の路面には横須賀に縁がある有名人の手形を埋め込んだ「手形マップ」をつくり、どぶ板通り内の70カ所の街路灯を飾るシンボルフラッグのデザインを全国から公募するなど、個性的な街並み景観を活かした様々な取組みを行っている。

　米国の雰囲気を残しつつ、日本の商店街としてのおもてなしの心を込めたきめ細かな取組みがミックスされた全国的に見ても珍しいスタイルの商店街である。

小田原ダイヤ街商店会、錦通り商店街、おしゃれ横丁（小田原市）
―城下町・宿場町　小田原を代表するコンパクトな駅前商店街―

　県西部の中心都市小田原市は人口約20万人の特例市である。小田原城、小田原提灯、かまぼこ、箱根観光の入口として知られている。小田原藩の城下町、東海道小田原宿の宿場町として古くから商業が盛んであった。1960年代から70年代にかけては、JR小田原駅前東口を中心に、地元百貨店の志澤小田原本店（後の西武志澤店）をはじめ箱根登山デパート、丸井小田原店、長崎屋、ニチイなどの大型店が多数立地して、多くの客で賑わっていた。その後、1990年代以降、郊外の工場跡地に大型ショッピングセンターが次々と進出したことにより、次第に、駅前の大型店から客足が遠のき、閉店に追い込まれることとなった。

　駅東口に8つの商店街が集中しているが、その中にダイヤ街商店会と隣接する錦通り商店街、おしゃれ横丁があり、ひとつながりの街路として機能している。3つの商店街のなかでは、ダイヤ街商店会にドン・キホーテやEPO（西友小田原店）などの大型店、量販店が集中している。商店街のなかは歩行者専用道で、日用品から食料品、レストランまで、約40店舗がコンパクトに集まっていて、買い物もしやすい。錦通り商店街は、全長250mにわたり、銀行や飲食店、小田原名産のかまぼこ店、土産物店など約70店舗がある。おしゃれ横丁は裏路地の狭い通りにあり、ファッション系の店と飲食店が多く、駅前商店街の華やかさはなく、少し怪しげな雰囲気も漂っている。

　商店街の入口には、「北條ポケットパーク」と呼ばれる小さな公園があり、冬のイルミネーションは美しいと評判である。この商店街では、年に数回、小田原周辺の生産者が提供する農産物、食品を販売する「北條ストリートマルシェ」というイベントも開催され、買い物客で賑わっている。

　小田原は西湘地域の中心都市としての役割も担っている。郊外の大型商業施設へ商業の中心地が移りつつある小田原商業の現状を変えていくためにも、大型店を持たない小田原駅前の商店街が独自性を持ってどう集客していくのか、今後の発展に期待したい。

花風景

箱根登山鉄道のアジサイ

地域の特色

　県土は狭いが、多摩丘陵と三浦半島、相模平野と湘南砂丘、丹沢山地と箱根火山などと複雑な地形を示し、横浜と川崎の大都市を抱えている。鎌倉は古くから武士が割拠し、中世に源頼朝が鶴岡八幡宮を中心に鎌倉幕府を開いたが、室町幕府になると鎌倉も衰退する。東海道の往来が盛んとなる江戸中期には神奈川と小田原などの宿場町が栄え、金沢八景（現横浜市）、鎌倉、江の島、大山、箱根も参詣、湯治、名所遊覧の地となる。横浜は西欧文明の窓口となる。太平洋側の暖温帯の気候である。

　花風景は、近世の城郭跡やため池のサクラ名所、近代の日露戦争にちなむサクラ名所、古都鎌倉の歴史的な神社仏閣の花木、古くから育成されてきた梅林、近代の観光開発や品種改良の遺産などが特徴的である。

　県花はユリ科ユリ属のヤマユリ（山百合）で、三浦半島、丹沢、箱根など広く県内に自生している。白色の花弁（花びら）に黄色の筋が走り、紅色の斑点が美しい。華麗なことから、学名は「黄金色のユリ」の意味を持ち、花ことばは「全美・荘厳」であり、「ユリの王様」とも称されている。県民が投票で選定したもので、古くから愛されてきた花である。

主な花風景

小田原城址公園のサクラ　＊春、史跡、日本さくら名所100選

　江戸の西の守りを固める要衝として、また幕藩体制を支える譜代大名の居城として、幕末まで重要な役割を担ってきた小田原城は、1870（明治3）年に廃城となり、天守閣などの主要な建物は解体された。現在の小田原城跡は、本丸を中心に城址公園として整備され、1960（昭和35）年に天守閣が復興し、外観復元された天守閣やお堀などを背景に、約320本のソメイヨシノが植栽されている。本丸・二の丸の大部分と総構の一部が国の史跡

に指定されている。小田原城歴史見聞館、小田原城ミューゼ（美術館）、小田原市郷土文化館などの施設がある。サクラの開花時期に合わせて、小田原城本丸広場で「光に染まる夜桜〜小田原城さくらのライトアップ」が実施され、その期間中は本丸広場にこたつ座敷が設けられる。二宮報徳神社寄りの南堀のほとりに「御感の藤」と称されるフジが植えてある。推定樹齢は約200年で、花房は1メートルにもなる。大正天皇が皇太子のときに感嘆されたことからその名が付いた。

県立三ツ池公園のサクラ　＊春、日本さくら名所100選

　横浜市にある三ツ池公園は、JR鶴見駅の北西約1.8キロに位置し、野球場、多目的広場、テニスコート、プールといった運動施設や、パークセンター、コリア庭園などさまざまな施設を備えた総合公園で、広さは29.7ヘクタールある。江戸時代に農業用水のため池として浚渫・整備された上・中・下の三つの池を自然の起伏を活かした豊かな樹林が囲んでおり、1957（昭和32）年に開園した。2月中旬に開花するカンザクラを皮切りに、シダレザクラ、ソメイヨシノ、ヤエザクラ、横浜市のサクラ愛好家がケンロクエンクマガイとカンヒザクラの交配によりつくったヨコハマヒザクラなど、78種、約1,600本のサクラが、時期をずらしながら花を咲かせる。

衣笠山公園のサクラ　＊春、日本さくら名所100選

　衣笠山公園は、横須賀市の公園で、山の容姿が馬の背に鞍を置いた形に似ているところから、鞍掛山とも呼ばれる。1907（明治40）年、日露戦争の戦死者を慰霊するため、記念碑を建て、数百本のサクラとツツジを植えた。サクラは、今では約2,000本になる。7.4ヘクタールの園内では、春のサクラ、初夏のヤマユリ、夏のヒマワリ、秋のハギ、冬のスイセンと、四季の花が楽しめる。3月下旬〜4月上旬には「衣笠さくら祭」が開催される。山頂展望台からは、大楠山越しの富士山や、東京湾方面に行き来する船を眺めることができる。

曽我梅林のウメ　＊冬

　曽我梅林は、下曽我駅を中心として散在する梅林の総称で、中河原、原、別所の3梅林からなり、約35,000本のウメが植えられている。ウメの栽培

面積は80ヘクタールに及び、毎年、約700トンの生梅が収穫されている。この地は、仇討ちで有名な曽我兄弟の育った地で、数多くの史跡も残されている。富士山や箱根連山、丹沢山塊の眺めも素晴らしい。今から約600年以上も昔、北条氏の時代にウメの実を兵糧用にするため、城下に多くのウメの木が植えられたという。江戸時代には、箱根越えの拠点の宿場町であり、旅人の弁当の防腐用などとして梅干が重宝され、藩主の大久保氏によりウメの栽培が奨励された。三つの梅林を巡るように、距離8キロの曽我の里散策コース（見晴らしコース）、5.5キロの曽我の里散策コース（里コース）、7.9キロの国府津・曽我の里散策コースが整備されている。

明月院等鎌倉のアジサイ　＊夏

　鎌倉にある社寺には、北鎌倉地域の明月院、円覚寺、東慶寺や、長谷地域の長谷寺、光則寺などアジサイの名所が多い。明月院は、別名「あじさい寺」と呼ばれるほどで、参道から本堂まで約2,000株以上が植えられている。そのほとんどがヒメアジサイという日本古来の品種で、ブルー系が多く「明月院ブルー」と称される。明月院のアジサイが有名になったのは戦後のことで、住職が境内の垣根に挿し木しているうちに増え続けたという。長谷寺は、本堂裏手の山肌いっぱいに約2,500株のアジサイが斜面を覆う。

箱根登山鉄道のアジサイ　＊夏、富士箱根伊豆国立公園

　1919（大正8）年に開業した小田原駅から強羅駅までを結ぶ箱根登山鉄道沿線には、約1万株のアジサイが植えられ、6月中旬頃からの開花時期には、「あじさい電車」の愛称で親しまれている。車窓に触れるほど咲き誇るアジサイの見頃は、各地点での標高と共に7月中旬にかけて少しずつ上っていく。アジサイを植えた理由は、地中に根を巡らせ、土の流出を防ぐためだったという。土留めに有効なだけではなく、花も楽しめることから、第2次世界大戦以降に植栽が本格化し、数十年の月日をかけて今日のような名物になった。1975（昭和50）年頃からは、箱根登山鉄道社員による「沿線美化委員会」が結成されて、シーズン前に総動員で下刈りやメンテナンスを行っている。

日比谷花壇大船フラワーセンターのシャクヤク　＊夏

　1962（昭和37）年７月に開園した県立のフラワーセンターで、2018（平成30）年４月から、リニューアルに合わせ、ネーミングライツにより現在の名称になった。国内最大規模の「しゃくやく園」には、この地にあった県の農業試験場が、明治末から昭和の初めにかけて輸出を目的として品種改良した大船系を中心に、210品種、2,500株のシャクヤクが植えられている。この他、ソメイヨシノを基に、この地で改良され、戦国時代の山城にちなんで名づけられた早咲きのサクラ「玉縄桜」や、明治の末から昭和の初めにかけてこの地で改良された独自の系統である「大船系」のハナショウブなどが植えられている。

湯河原つばきラインのツバキ　＊冬、奥湯河原県立自然公園

　湯河原つばきラインは、奥湯河原から大観山を通り箱根町へ抜ける県道湯河原箱根仙石原線の一部区間に付けられた愛称名で、大観山付近の標高1,011メートルの最高地点から奥湯河原までの間、標高差約750メートルある曲がりくねった峠道である。延長約18.5キロのうち約６キロの沿道にツバキ約5,000本が植えられ、２月下旬〜４月中旬に真紅の花が艶やかに彩り、快適なドライブを楽しめる。秋には紅葉も楽しめる。箱根と湯河原温泉街をつなぎ、沿道のツバキと大観山付近の眺望も良いため、古くからドライブやツーリングスポットとして人気がある。

箱根湿生花園の湿生植物　＊夏、富士箱根伊豆国立公園

　箱根仙石原にある町営の箱根湿生花園は、1976（昭和51）年に日本で最初にできた湿生植物園で、水田の跡地約３ヘクタールを利用して、湿原や河川・湖沼などの湿地に生育している植物を中心に、低地から高山まで日本の各地に点在している湿地帯の植物約200種の他、草原や林の植物、高山植物など約1,100種が集められている。外国の山草も含めると約1,700種の植物が四季折々の花を咲かせる。敷地の一角には仙石原湿原復元区が設けられ、実験調査の結果を踏まえ、毎年、６月に草刈り、１月に野焼きを続けており、ノハナショウブなどの草花が増えてきている。

公園／庭園

国立公園箱根

地域の特色

　神奈川県は横浜・川崎の大都市を抱え、人口は東京都に次いで第2位である。東部は多摩丘陵と三浦半島が東京湾・浦賀水道に面し、中部は相模川の三角州の相模平野、湘南砂丘などが相模湾に面しているが、西部は褶曲山地の丹沢山地、複雑な火山地形からなる箱根火山、北と西に断層崖をもつ大磯丘陵、酒匂川の扇状地の足柄平野、湧水群をもつ秦野盆地と複雑な地形を示している。

　古くは相模の国と武蔵の国の一部であった。鎌倉は古くから武士が割拠していたが、中世に源頼朝が鶴岡八幡宮を中心に武家政権の建物と組織を整え、鎌倉幕府を開いた。源氏から北条氏へと覇者は代わるが、室町幕府になると鎌倉も衰退する。東海道の往来が盛んとなる江戸中期には県内に9宿場町が設けられるが、神奈川と小田原が栄える。金沢八景（現横浜市金沢区）、鎌倉、江の島、大山、箱根も参詣、湯治、名所遊覧の地となる。1853（嘉永6）年には浦賀（現横須賀）にアメリカの使節ペリーが来航し、翌年日米和親条約が締結され、開国される。横浜も開港され、外国人居留地は西欧文明普及の拠点となり、また、横浜－新橋間の鉄道建設、横須賀の製鉄所・造船所開設などによって、近代化を支える原動力となっていく。

　湘南海岸はわが国最初の大衆的な海水浴場といわれる。国立公園は箱根を中心として、都市公園は近代化遺産や城郭、庭園は貿易商や古都鎌倉にちなむものが特徴的である。

主な公園・庭園

🈷 富士箱根伊豆国立公園箱根　＊史跡、天然記念物

　箱根は「火山の博物館」といわれるように、噴火を繰り返して、複雑な火山地形を形成した場所である。最も新しい中央火口丘が最高峰の神山

（1,438m）や箱根駒ヶ岳などであり、二重の外輪山が連なるようにとりかこみ、中央火口丘と外輪山の間のカルデラに堰止湖の芦ノ湖や草原と湿原なす仙石原を生みだした。現在、カルデラは観光開発が進み、街並みがつくられている。神山北麓の大涌谷は活発な噴気現象を見せ、活動が盛んである。かつては箱根七湯といわれたが、現在は箱根二十湯と称される。

　神山というように古くから修験道の聖地でもあり、箱根神社などの神社仏閣がある。古くから交通の要衝であり、東海道が南の外輪山を横切り、東の箱根湯本から宮ノ下へと登り箱根峠を西へと通過している。1901（明治34）の唱歌「箱根八里」（鳥居忱作詞、瀧廉太郎作曲）の歌詞「箱根の山は天下の嶮」と唱っているが、東海道で箱根と大井川は最大の難所であった。箱根駅伝にみられるように標高差の大きい峠であった。江戸の「入鉄砲に出女」の取り締まりが象徴的な言葉であるが、徳川幕府は芦ノ湖畔に関所を置いた。箱根は名だたる難所ではあったが、旅人にとってくつろげる温泉があり、富士山も眺められる風光明媚な遊覧の地でもあった。明治時代の欧米人の日本旅行記には箱根宮ノ下に滞在したという記録が多くみられる。東京や横浜の欧米人の保養地になっていたのである。1873（明治6）年の日光の金谷ホテル、90（明治23）年の軽井沢の万平ホテルなど、外国人専用ホテルができるが、箱根宮ノ下にも78（明治11）年に富士屋ホテルができていた。

⑪ 丹沢大山国定公園丹沢山地・大山

　丹沢山地は蛭ヶ岳（1,673m）を最高峰として1,500～1,600m級の山が連なり、深い谷に渓谷や滝が多く、首都圏の登山やハイキングの場所となっている。大山（1,252m）は阿夫利神社があり、丹沢山地の塔ノ岳とともに、山岳信仰の地であった。大山はより江戸に近いことから、大山詣りが盛んに行われたが、ついでに金沢八景（現横浜）、鎌倉、江ノ島を巡る名所遊覧の旅でもあった。大山詣りは落語になっている。

㊳ 山手公園　　＊名勝、日本の歴史公園100選

　山手公園は外国人のために横浜市の居留地につくられた公園で、港から約1km内陸の高台にある。横浜が開港して日本に来た英国公使のパークスは1866（慶応2）年に幕府に公園の必要性を説き、敷地を提供するよう要

求した。同年に交わされた条約には公園の設置が条文に盛り込まれたが、すぐには実現しなかった。明治維新後、新政府に対して各国の領事が連名で公園用地の貸与を求めた結果、妙香寺境内の2.2haを借りることが決まり70（明治3）年に山手公園が開園した。日本の公園制度の始まりである公園設置の太政官布告が通達される3年前のことである。公園の整備に力を尽くしたのはスミスというイギリス人だった。整備のための資金集めに奔走し「公共心に富むスミス」と呼ばれたという。外国人専用の公園は居留地民の社交場になり、フラワーショーや演奏会が開催された。開園当時の写真を見ると、手入れされた広々とした芝生に刈り込まれた低木が植えられ、東屋のような優美なバンドスタンド（奏楽堂）がある。しかし、開園後の維持管理の資金集めが難航し1878（明治11）年には「レディース・ローンテニス・アンド・クロッケー・クラブ（横浜婦女弄鞠社）」が管理し借地代を政府に支払うことになった。これが、山手公園がテニス発祥の地といわれる所以である。現在も山手公園には6面のテニスコートとテニス発祥記念館がある。

山手公園のもう一つの特徴はヒマラヤスギである。諸説あるものの、イギリス人によって種子が持ち込まれ横浜市全体に広まったとされている。関東大震災後に公園の半分が国から横浜市に貸与されることになり、ヒマラヤスギが植樹され遊具が整備された。この時ようやく半分が、外国人専用の公園から誰でも使える公園になったのである。第二次世界大戦中に外国人の多くが国外に退去したため1943（昭和18）年に横浜市が国から公園の土地を買収し、64（昭和39）年にはついに日本人もテニスクラブの会員として認められるようになった。開設当時の様子がよく残っていることから、2004（平成16）年に国の名勝に指定された。

郡 横浜公園　＊登録記念物、日本の歴史公園100選

山手公園が居留地の外国人のための公園であったのに対し、横浜公園は外国人と日本人がともに使うことができるよう設置され「彼我公園」とも呼ばれた。横浜の市街地の中心部にある豊かな緑地である。火事で焼け落ちた遊郭の跡地に建設され1876（明治9）年に開園した。当初はクリケットグラウンドがあり、外国人が興じる様子を日本人が外から見物している絵が残されている。1909（明治42）年に横浜市所有となり野球場が整備され

た。その後建設された野外音楽堂や武道館は、横浜スタジアム建設の際に撤去されて、噴水と広場、日本庭園が整備された。2007（平成19）年に国の登録記念物（名勝地関係）になった。

都 山下公園 *登録記念物、日本の都市公園100選、日本の歴史公園100選

　横浜市の海岸沿いにある関東大震災の瓦礫の上につくられた公園である。明治時代には居留地の海沿いに松並木があり、海岸では潮干狩りをする人もいたという。関東大震災で横浜は大きな被害をうけ、市街地の瓦礫や焼土の処分地の一つに現在の公園の場所が指定された。横浜市の復興公園の設計を統括したのは内務省復興局の折下吉延で、1930（昭和5）年に完成した山下公園にはパーゴラや噴水が整備された。35（昭和10）年には横浜市主催の復興記念横浜大博覧会が開催され延べ300万人を超す人々で賑わった。第二次世界大戦後に米軍の将校の住宅が建設されたが、59（昭和34）年までにすべて返還された。その後、山下公園のシンボルであるマリンタワーが建設され、港に係留された氷川丸が見学や宿泊施設として開業した。また、65（昭和40）年には臨港鉄道が開通したがわずか16年で廃止され、公園の上にあった高架は2000（平成12）年にようやく撤去された。1989（平成元）年には公園東側の立体駐車場の人工地盤の上に「せかいの広場」が開設され、2002（平成14）年には開園当初の港の風景に戻すことを目標に西側が再整備された。1927（昭和2）年に開業したホテルニューグランドはマッカーサー元帥や大佛次郎が利用したことで有名で、山下公園とともに現在まで年月を重ねてきた。再整備ではホテルからの眺めにも配慮して刺繍花壇がデザインされた。公園には震災時の支援への感謝を込めて横浜インド商組合から寄贈された「インド水塔」があり、関東大震災の犠牲者のための慰霊祭が毎年行われている。2007（平成19）年に国の登録記念物（名勝地関係）になった。

都 恩賜箱根公園 *登録記念物、日本の歴史公園100選

　箱根町の西、芦ノ湖に突き出した小さな半島は「塔ヶ島」と呼ばれ、湖越しに富士山を眺望できる絶景の地である。ササに覆われていた塔ヶ島に箱根離宮が完成したのは1886（明治19）年だった。暑さと病気を避けるために離宮の建設を勧めたのは東京大学医学部のお雇い外国人教師で日本の

温泉の効用を説いたトク（エルウィン）・ベルツだった。箱根離宮はシャンデリアの大広間がある西洋館と日本館がある瀟洒な建物だったが、関東大震災で被災し大部分が取り壊された。離宮跡地は1946（昭和21）年に神奈川県に下賜され恩賜箱根公園として公開された。59（昭和34）年には神奈川県立公園となり整備が始まった。二百段階段や馬場跡など離宮時代の痕跡をできるだけとどめるよう整備されており、2013（平成25）年に国の登録記念物（名勝地関係）になった。離宮をモチーフにした湖畔展望館からは芦ノ湖の風景を楽しむことができる。

都 小田原城址公園　＊史跡、日本の歴史公園100選

　小田原城址公園は小田原市の小田原駅近くに所在する。小田原城は戦国時代から近世まで関東地方の防御の拠点とされてきた。17世紀の終わりから幕末までは大久保氏の居城だったが、明治維新で多くの建物が解体され、門や櫓だけではなく城跡にあった石や木までもが建築や土木の資材として売られてしまった。城跡につくられたほかの公園と異なるのは、その後御用邸として使われていたことである。御用邸は1900（明治33）年に完成したが関東大震災によって石垣や濠が崩れ落ち、33（昭和8）年に開放されるまで城跡は市民から閉ざされひっそりと存在していた。たびたびの払い下げの申し出によって38（昭和13）年には本丸を含む約12haが神奈川県に下賜され、二の丸と三の丸が国の史跡に指定された。59（昭和34）年には本丸一帯が追加指定された後は公園整備に勢いがつき、60（昭和35）年の天守を皮切りに常盤木門、銅門、馬出門が次々に復元されている。線路を挟んで西側にある中世の遺構である八幡山古郭東曲輪からは白い天守を一望することができる。

庭 永福寺跡　＊史跡

　鎌倉宮（大塔宮）に近い鎌倉市二階堂に、永福寺跡は位置している。源　頼朝は奥州藤原氏を攻めた際に、中尊寺の大長寿院の建物を見て、それ以上のものを鎌倉に造立しようとして、永福寺を建立している。『吾妻鏡』によると、1192（建久3）年に中央の二階大堂が竣工、翌年にはその脇に阿弥陀堂、翌々年には薬師堂が建造された。作庭には僧静玄が活躍している。1280（弘安3）年の鎌倉の大火で二階大堂が焼失して、その

後もたびたび火災にあって寺は消滅したらしい。1931（昭和6）年以来の発掘調査で、ほぼ全容が解明されて復元整備が進んでいる。堂跡の復元は基壇だけだが、発掘された横長の園池は復元されて、洲浜が設けられている。

庭 称名寺境内 ＊史跡

鎌倉幕府の執権だった北条時頼を補佐した北条実時が、1260（文応元）年に母の7周忌にあたって、鎌倉の北東8kmほどの金沢（横浜市金沢区）にあった別荘内に、持仏堂を建立したのが称名寺の始まりとされている。当初は念仏宗だったが、後に真言律宗に改宗している。

修復後の状況については、「称名寺絵図」（1323〈元亨3〉年）から知ることができる。金堂の正面には広大な園池が掘られ、それを囲むようにして講堂、金堂、方丈、庫裏、護摩堂、三重塔などが配置された典型的な浄土式庭園になっていた。植栽は園池の周辺や中島に、マツとカエデらしい落葉樹や常緑広葉樹が植えられている程度で、全体的に樹木の数が少ないのが特徴だった。

1978（昭和53）年度からの発掘調査で、洲浜や石組や橋の基礎などが発見されたことから、85・86（昭和60・61）年度に発掘結果と絵図を基に、庭園の復元整備が行われた。しかし、中島の反橋・平橋が腐朽したことから、2007・08（平成19・20）年度に架け替えている。

庭 瑞泉寺庭園 ＊名勝

永福寺跡の東奥の鎌倉市二階堂にある瑞泉寺は、二階堂貞藤（道蘊）によって、夢窓疎石を開山として1327（嘉暦2）年に創建された。翌年には、観音殿と山頂の遍界一覧亭が建てられている。仏殿背後の園池は、1969・70（昭和44・45）年に発掘結果に基づいて、復元整備された。園池背後の崖の洞窟「やぐら」は、園池と調和していないように見えるのだが、当初からのものだろうか。園池は岩盤を掘り窪めたもので、護岸石もなく中島もそのまま掘り残している。左側に架かる木橋から崖の間の階段を上ると、遍界一覧亭に行けて、亭跡からは富士山が眺められるらしいのだが、立ち入りは禁止されている。

温　泉

地域の特性

　神奈川県は、三浦半島によって東は東京湾、南は相模灘に面するように分けられ、北は丹沢山地、南西は箱根の険しい山地となっている。江戸時代には東海道が箱根を経由し、江戸と京を結んでいた。横浜は幕末に開国の舞台となり、海外とも交流が活発化して、現在では横浜の貿易額は日本最大を誇っている。京浜工業地帯の一角を占め、2010（平成22）年の製造品出荷額は愛知県に次いで2位である。そのため工業化、都市化のイメージが強いが、一方では、横浜や川崎は観光都市としても栄えており、鎌倉、三浦海岸、湘南海岸、大山、箱根などの地名度の高い観光地も数多い。

◆旧国名：武蔵、相模　県花：ヤマユリ　県鳥：カモメ

温泉地の特色

　県内には宿泊施設のある温泉地が37カ所あり、源泉総数は605カ所である。42℃以上の高温源泉が多くて約60％を占め、25〜42℃が25％、25℃未満が15％の構成となっていて、高温の有力温泉資源に恵まれている。湧出量は毎分約4万ℓで全国20位である。年間延べ宿泊客数は560万人を数え、都道府県別では全国5位にランクされる。

　歴史的な箱根温泉郷は、昭和初期の小田急電鉄をはじめ、第2次世界大戦後の東急と西武の2大観光資本と藤田観光を加えた観光開発競争のもとに、箱根山中に立地する湯本、塔之沢、宮ノ下、堂ヶ島、底倉、木賀、芦之湯の箱根七湯はそれぞれの地域性を活かしつつ著しい発展をとげた。また、隣接する湯河原温泉とも一体化しており、全国第1位の温泉観光地域を形成している。

①箱根温泉郷（湯本・塔之沢・宮ノ下・堂ヶ島・底倉・木賀・芦之湯）
はこ　ね

465万人、1位、国民保養温泉地

単純温泉、塩化物泉

　県南西部、富士箱根伊豆国立公園の中心をなす箱根山一帯に、日本最大級の箱根温泉郷が展開している。2010（平成22）年の温泉郷の延べ宿泊客数は465万人を数え、2位の熱海温泉の2倍である。日帰り観光客を加えると2,000万人に及ぶ。箱根山中の早川沿いの湯本、塔之沢、宮ノ下、堂ヶ島、底倉、木賀の6温泉地と駒ヶ岳山麓の芦之湯を加えた「箱根七湯」が存在し、箱根温泉郷を構成している。箱根温泉郷は東京大都市圏を主な観光市場として発展してきたが、2015（平成27）年5月に芦之湯が国民保養温泉地に指定され、温泉保養の重要性が評価された。温泉郷入口の湯本温泉は738（天平10）年の発見と伝えられ、その他は中世から近世期に開発され、共同浴場を中心に湯宿が配置していた。1811（文化8）年の『七湯の枝折』には、近くの大山詣でのついでに箱根の温泉を巡る案内があり、湯本は東海道筋に位置しているので、「一夜湯治」と称して多くの宿泊客で賑わった。

　明治以後、1878（明治11）年に宮ノ下の富士屋ホテルが開業し、明治末から大正時代にかけて奥箱根の強羅、仙石原や芦ノ湖畔などに東京の東急資本と西武資本が進出した。この大手2社は、競って温泉開発を始めケーブルカーやゴルフ場の整備、別荘地分譲、ホテルなどの経営に取り組んできた。箱根には、三重式火山の中央火口丘や切り立った外輪山、富士山を背景にした美しい芦ノ湖があり、昭和初年にはすでに小田急線が開通して新宿と直結し、東京の日帰り観光圏に入っていた。1936（昭和11）年には富士箱根国立公園に指定され、観光化が促進された。箱根は温泉資源に恵まれており、高温の源泉を湯電して別荘地が開発され、ホテルや旅館も進出して強羅や仙石原の温泉地が誕生した。温泉湧出量は湯本のみで毎分4,800ℓ、箱根全域では2万ℓにもなる。

　第2次世界大戦後、豊富な温泉資源を背景に藤田観光が進出し、小涌谷に一大温泉遊園施設「小涌園」を開設した。小説家獅子文六は、箱根開発

の2大観光資本である東急と西武に新たに加わった藤田観光の観光開発競争を舞台に、小温泉地の2つの旅館の男女の恋をからませた小説『箱根山』を著した。箱根温泉郷の泉質は湯本、塔之沢、仙石原、姥子などは単純温泉、その他は主に塩化物泉であり、肌にやさしいと好評である。箱根地域には自然、歴史、文化を題材にした各種の観光施設やロープウェイ、遊覧船などが充実し、大涌谷の火山噴気地帯ではユニークな黒たまごを食することもでき、家族そろって温泉と観光を楽しめる。しかし、2015（平成27）年5月3日に大涌谷で小規模噴火が増えたため入山が規制された。

　近年、中国、台湾、韓国、東南アジア諸国やオセアニア、欧米などからも多くの外国人が来訪しており、ホテル、旅館の従業員も英語での対応が欠かせない。また、各観光スポットでの適切なガイドが求められるが、これは日本人観光客に対しても同様である。主な行事として、箱根大名行列（11月3日）がある。

交通：箱根登山鉄道湯本駅、湯本〜強羅と強羅〜早雲山（ロープウェイ）で各温泉地と連絡可能

② 湯河原（ゆがわら）　61万人、31位
硫酸塩泉

　県南西部、箱根山の南の千歳川と藤木川に位置する有数の温泉地であり、温泉は高温の硫酸塩泉が毎分6,000ℓ以上も湧出している。箱根温泉郷にも隣接しており、東海道本線で東京と約1時間で直結し、立地条件に恵まれている。湯河原温泉は、役行者、行基、空海や加賀国二見氏などの発見伝説があり、早くから温泉の存在が知られていた。万葉の歌にも「足柄の土肥の河内に出づる湯の世にもたよらに子ろが言わなくに」と詠まれ、万葉公園が整備されている。石橋山の合戦で源頼朝を助けた豪族土肥次郎実平の館や菩提寺の城願寺と城跡を訪ねるツアーもある。

　宿泊施設が130軒もあって温泉街を形成し、宿泊客数は約60万人を数える。2月上旬〜3月初旬の幕山公園の梅林では4,000本の紅梅と白梅が咲き乱れ、4月の源頼朝旗揚げ武者行列、5月の湯かけ祭りや星ヶ丘公園の5万株のサツキ、6月の万葉公園でのホタルの乱舞（冬はイルミネーション）、秋の特産のミカン狩り、奥湯河原池峯の紅葉狩りなど四季折々の風情を楽しめる。また、湯河原と近代文学をテーマとした郷土博物館、国木田独歩の碑、島崎藤村の定宿の伊藤屋旅館、竹内栖鳳、安井曾太郎の絵画

展示もある町立湯河原美術館などや光風荘の「2・26事件」関係の展示もある。これらを万葉コース、歴史コース、文人墨客コースとして無料で案内するボランティアガイドが30名もいる。

交通：JR東海道本線湯河原駅、バス10分

③三浦（みうら）　32万人、76位
　　塩化物泉

　県東南部、三浦半島の南端にある温泉地であり、海岸の高台にマホロバ・マインズ三浦リゾートホテルが開設されて、大浴場、電気風呂は日帰り客にも開放されている。クアパークでは薬湯、箱蒸しなどを体験できる。三崎にはフィッシャリーナ・ウオーフ「うらり」があり、北原白秋ゆかりの城ヶ島には、白秋記念館や県立城ヶ島公園、城ヶ島灯台などがある。南西の海岸には奇岩があり、磯釣り場としても人気がある。

交通：JR横須賀線久里浜駅、京浜急行バス

④七沢（ななさわ）　炭酸水素塩泉

　県中央部、丹沢山塊の大山山麓、玉川の上流にある温泉地で、上杉憲忠の七沢城跡に開かれている。温泉は、緑色凝灰岩に浸透した雨水が長い年月を経て、地熱で暖められて湧き出たという。和風の落ち着いた雰囲気の宿は、露天風呂も日本庭園風で趣向を凝らしている。また、ペットと泊まることができるユニークなシステムを早くから導入している。近くにケーブルカーが架設されていて、大山寺、阿夫利神社を訪ねて修験道について話を聞くもよし、県立七沢森林公園の芝生広場で憩うのも楽しい。

交通：小田急線本厚木駅、バス30分

⑤鶴巻（つるまき）　塩化物泉

　県中央部、新宿から小田急線で1時間ほどの秦野市鶴巻温泉駅前が温泉地でもある。大正時代、飲料水のために井戸を掘削した際に塩辛い水が湧出したので、温泉利用に転換したという。カルシウム含有量は世界有数といわれるほどに多く、浴用ではリウマチ、婦人病に効果があり、飲用では胃腸病によいといわれる。陣屋旅館は源頼朝の挙兵に参加した和田義盛の別邸跡にあり、客の送迎時に大太鼓を鳴らす趣向で知られる。

交通：小田急線鶴巻温泉駅

執筆者 / 出典一覧

※参考参照文献は紙面の都合上割愛
しましたので各出典をご覧ください

Ⅰ　歴史の文化編

【遺　跡】　石神裕之　（京都芸術大学歴史遺産学科教授）『47都道府県・遺跡百科』(2018)

【国宝 / 重要文化財】　森本和男　（歴史家）『47都道府県・国宝 / 重要文化財百科』(2018)

【城　郭】　西ヶ谷恭弘　（日本城郭史学会代表）『47都道府県・城郭百科』(2022)

【戦国大名】　森岡浩　（姓氏研究家）『47都道府県・戦国大名百科』(2023)

【名門 / 名家】　森岡浩　（姓氏研究家）『47都道府県・名門 / 名家百科』(2020)

【博物館】　草刈清人　（ミュージアム・フリーター）・可児光生　（美濃加茂市民ミュージアム館長）・坂本昇　（伊丹市昆虫館館長）・髙田浩二　（元海の中道海洋生態科学館館長）『47都道府県・博物館百科』(2022)

【名　字】　森岡浩　（姓氏研究家）『47都道府県・名字百科』(2019)

Ⅱ　食の文化編

【米 / 雑穀】　井上繁　（日本経済新聞社社友）『47都道府県・米 / 雑穀百科』(2017)

【こなもの】　成瀬宇平　（鎌倉女子大学名誉教授）『47都道府県・こなもの食文化百科』(2012)

【くだもの】　井上繁　（日本経済新聞社社友）『47都道府県・くだもの百科』(2017)

【魚　食】　成瀬宇平　（鎌倉女子大学名誉教授）『47都道府県・魚食文化百科』(2011)

【肉　食】　成瀬宇平　（鎌倉女子大学名誉教授）・横山次郎　（日本農産工業株式会社）『47都道府県・肉食文化百科』(2015)

【地　鶏】　成瀬宇平　（鎌倉女子大学名誉教授）・横山次郎　（日本農産工業株式会社）『47都道府県・地鶏百科』(2014)

【汁　物】　野﨑洋光　（元「分とく山」総料理長）・成瀬宇平　（鎌倉女子大学名誉教授）『47都道府県・汁物百科』(2015)

【伝統調味料】　成瀬宇平　（鎌倉女子大学名誉教授）『47都道府県・伝統調味料百科』(2013)

【発　酵】　北本勝ひこ　（日本薬科大学特任教授）『47都道府県・発酵文化百科』(2021)

【和菓子／郷土菓子】 **亀井千歩子** （日本地域文化研究所代表）『47都道府県・和菓子／郷土菓子百科』(2016)

【乾物／干物】 **星名桂治** （日本かんぶつ協会シニアアドバイザー）『47都道府県・乾物／干物百科』(2017)

Ⅲ　営みの文化編

【伝統行事】 **神崎宣武** （民俗学者）『47都道府県・伝統行事百科』(2012)

【寺社信仰】 **中山和久** （人間総合科学大学人間科学部教授）『47都道府県・寺社信仰百科』(2017)

【伝統工芸】 **関根由子・指田京子・佐々木千雅子** （和くらし・くらぶ）『47都道府県・伝統工芸百科』(2021)

【民　話】 **小堀美和** （神田女学園中学校高等学校教諭）／花部英雄・小堀光夫編『47都道府県・民話百科』(2019)

【妖怪伝承】 **高塚さより** （江東区砂町文化センター職員）／飯倉義之・香川雅信編、常光　徹・小松和彦監修『47都道府県・妖怪伝承百科』(2017) イラスト©東雲騎人

【高校野球】 **森岡　浩** （姓氏研究家）『47都道府県・高校野球百科』(2021)

【やきもの】 **神崎宣武** （民俗学者）『47都道府県・やきもの百科』(2021)

Ⅳ　風景の文化編

【地名由来】 **谷川彰英** （筑波大学名誉教授）『47都道府県・地名由来百科』(2015)

【商店街】 **杉山伸一** （大阪学院大学教育開発支援センター准教授）／正木久仁・杉山伸一編著『47都道府県・商店街百科』(2019)

【花風景】 **西田正憲** （奈良県立大学名誉教授）『47都道府県・花風景百科』(2019)

【公園／庭園】 **西田正憲** （奈良県立大学名誉教授）・**飛田範夫** （庭園史研究家）・**井原　縁** （奈良県立大学地域創造学部教授）・**黒田乃生** （筑波大学芸術系教授）『47都道府県・公園／庭園百科』(2017)

【温　泉】 **山村順次** （元城西国際大学観光学部教授）『47都道府県・温泉百科』(2015)

索　引

47都道府県ご当地文化百科・神奈川県

令和6年7月30日　発行

編者　丸　善　出　版

発行者　池　田　和　博

発行所　丸善出版株式会社
〒101-0051 東京都千代田区神田神保町二丁目17番
編集：電話 (03) 3512-3264／FAX (03) 3512-3272
営業：電話 (03) 3512-3256／FAX (03) 3512-3270
https://www.maruzen-publishing.co.jp

© Maruzen Publishing Co., Ltd. 2024

組版印刷・富士美術印刷株式会社／製本・株式会社 松岳社

ISBN 978-4-621-30937-7　C 0525　　　　　　Printed in Japan